NEUROCIENCIAS, AUTISMO Y NEURODESARROLLO INFANTIL

Eduardo Sciotto • Elsa Niripil

NEUROCIENCIAS, AUTISMO Y NEURODESARROLLO INFANTIL

Sciotto, Eduardo Alfredo
   Neurociencias, autismo y neurodesarrollo infantil / Eduardo Alfredo Sciotto ; Elsa Niripil. - 1a ed. - Ciudad Autónoma de Buenos Aires : Bonum, 2021.
   194 p. ; 22 x 15 cm.

1. Neurociencias. 2. Autismo Infantil. I. Niripil, Elsa. II. Título.
CDD 616.8588

Diseño de cubierta: Natalia Siri
Diseño de interiores: Cecilia Ricci

© Editorial Bonum, 2021

Av. Corrientes 6687 (C1427BPE)
Buenos Aires - Argentina
Tel./Fax: (5411) 4554-1414
ventas@editorialbonum.com.ar
www.editorialbonum.com.ar

Impreso en Argentina
Es industria argentina

•••
Capítulo 8
Trastornos del espectro de autismo 133

Eso que llaman cerebrocentrismo

Ante una fuerza —acción— ejercida sobre un cuerpo se le opone otra de igual intensidad y dirección, pero sentido contrario —reacción—.

Cuando a fines del siglo XVII Isaac Newton enunció las leyes que llevan su nombre, asentando las bases de la física mecánica, seguramente no supuso que tal enunciación no solo expresaba un mero fenómeno físico, sino que podía ser extrapolado a todas las manifestaciones de la evolución del conocimiento humano, incluyendo el avance hacia un nuevo modelo científico, social, económico, donde siempre la acción en favor debe superar la reacción en contra.

Fue otro físico, el estadounidense Thomas Samuel Kuhn, quien en 1962 publicó *La estructura de las revoluciones científicas* (*The Structure of Scientific Revoluctions*), en donde explicaba la dinámica de los paradigmas que marcan la evolución del conocimiento científico. Para Khun las nuevas teorías científicas no nacen por verificación ni por falsación, sino por sustitución de un modelo explicativo al que denominó "paradigma" (Serrano, 1990).

Pero... ¿qué es un paradigma? Un paradigma es una realización científica, un modelo universalmente reconocido que, durante cierto tiempo, proporciona modelos de problemas y soluciones a una comunidad científica en particular. "El paradigma es aquello que comparten los miembros de una comunidad científica en particular" (esta última definición es quizá la más aceptada).

La ciencia, como procedimiento, se presenta como un arte para resolver los acertijos que se exponen dentro del modelo prevalente; esto no excluye la innovación y el descubrimiento, pues la ciencia prevalente como tal podría entrar en crisis ante la aparición de anomalías que terminan debilitando su propia estructura. Precisamente, tales anomalías empiezan por fracturar el viejo paradigma y se produce una "revolución científica", que desemboca en novedades fácticas o descubrimientos y en novedades teóricas o invenciones. Comienza en ese momento la sustitución del antiguo paradigma por el nuevo, el cual es capaz de explicar dichas anomalías y transformarlas en ejemplares de una nueva matriz disciplinaria.

En su polémica obra, confrontada por los mentores de los paradigmas preexistentes, Kuhn plantea el concepto de la "inconmensurabilidad" de tales paradigmas, entendiendo por tal que "...la comparación de dos teorías es más complicada que la simple confrontación de predicciones contradictorias. Un paradigma nuevo es incompatible con el paradigma al que sustituye. Se trata de una relación de 'inconmensurabilidad', expresión con la que se quiere afirmar que: ya que cada teoría individual fija un significado para todos sus términos de manera holística, puede bastar incluso una pequeña variación en la teoría para que los significados de todos los términos cambien radicalmente".[1]

Kuhn reconoce dos componentes del paradigma: una *matriz disciplinaria* y un *componente sociológico*.

El componente sociológico cubre las relaciones que se establecen entre los miembros de la comunidad que comparte el paradigma. En este punto podemos observar cómo aquellas personas que trabajan e investigan dentro de un paradigma en particular tienden a compartir intereses socialmente afines.

Kuhn planteaba que toda ciencia se perfila a lo largo del tiempo con las aportaciones de la comunidad científica, que contribuye con nuevos conocimientos acumulativos que terminan modelando cambios en las teorías vigentes, con lo que se llega finalmente a la creación de nuevos paradigmas que abren nuevos horizontes.

No podemos ignorar que, desde los albores de la humanidad, el campo del conocimiento es el lugar de una lucha competitiva por el monopolio de una autoridad basada no solo en el dominio técnico, sino también en la aceptación social de la potestad para intervenir legítimamente en un área del saber. Tampoco podemos ignorar que la confrontación no solo se limita a una competencia pura y perfecta de ideas, motorizada únicamente por la fuerza intrínseca de la búsqueda de la verdad o la razón, sino que además existen intereses diversos que sustentan el paradigma dominante.

---

1   Contreras, R. R. (2004). "El paradigma científico según Kuhn. Desarrollo de las ciencias: del conocimiento artesanal hasta la ciencia normal". *Revista de la VI Escuela Venezolana para la Enseñanza de la Química*. Diciembre. Laboratorio de Organometálicos, Departamento de Química, Facultad de Ciencias, Universidad de Los Andes, Mérida.

En toda competencia por el dominio de algún área del saber no es posible disociar el poder que otorga el reconocimiento social de la pura capacidad técnica y de los intereses que su dominio representa.

Es precisamente lo que hoy sucede entre quienes propugnamos a la neurociencia cognitiva como nuevo paradigma explicativo del conocimiento humano y quienes le aplican el término simplista de cerebrocentrismo. Término altisonante y grandilocuente que, a poco de profundizar en el significado que se le atribuye, revela llamativas limitaciones técnicas, cuando no significativas incongruencias conceptuales que lo hacen inapropiado.

De entre los muchos que plantean una dura crítica al conocimiento neurocientífico y su aplicación a las áreas cognitivas y de la conducta, se destaca el catedrático y psicólogo español Marino Pérez Álvarez. Este autor define el concepto de cerebrocentrismo como "...la tendencia, por más señas, reduccionista, consistente en explicar los asuntos humanos como cosa del cerebro, entre cuyos asuntos no faltan los problemas psicológicos". Y agrega: "esta tendencia se encuentra en libros de eminentes neurocientíficos... en libros de divulgación... en libros de autoayuda... y, en fin, en toda esa proliferación de neuro-X, donde X es cualquier disciplina de las ciencias sociales y de las humanidades —educación, ética, economía, filosofía, etc.—, así como cualquier tema que se tercie —amor, elección de pareja, marketing, altruismo, egoísmo, sin que falte la felicidad—".[2]

El concepto mismo de cerebrocentrismo —también para mí absolutamente reduccionista— es una expresión harto simplista con la que se pretende desconocer, y confrontar mediante modelos clásicos, los avances que ha alcanzado el hombre para desentrañar el mecanismo de las funcionalidades, y disfuncionalidades, de las funciones superiores de la mente.

---

2   Pérez Álvarez, M. (2012). "Frente al cerebrocentrismo, psicología sin complejos". *Infocop online*. Consejo General de Psicología de España. 21/6/2012. Disponible en: http://www.infocop.es/view_article.asp?id=4012.

En tren de crear neologismos, y de que tales neologismos sean realmente descriptivos de la realidad que pretenden definir, me permito introducir un concepto mucho más amplio y abarcador que el de cerebrocentrismo. Propongo el concepto de *neurointegracionismo*, haciendo referencia al rol del soporte biológico basado en un sistema orgánico —el neuroinmunoendocrino y no solamente el cerebro— que pone en contacto al individuo con su entorno, no solo ecobiológico, sino cultural, familiar, económico, social e incluso moral. Un sistema biológico con habilidades regulatorias y plásticas, es decir, con capacidad de automodelarse en función de los estímulos que el individuo va recibiendo en el transcurso de su vida. El "cerebro" es solo una parte integrante e integrada de ese complejo sistema.

En consecuencia, el simplista "cerebrocentrismo" induce a una interpretación errónea y, tal vez, a una adhesión irreflexiva al concepto por parte de quienes desconocen —y no tienen por qué conocer— la verdadera complejidad del esquema sensoperceptivo, interpretativo, integrativo y ejecutivo de los estímulos aferentes —input— y las respuestas eferentes —output— a los que aquellos dan origen.

Pero quienes de alguna manera tenemos la posibilidad de difundir ideas y llegar a la gente a través de un canal de comunicación —y un libro lo es— no podemos caer en simplificaciones extremas. Reduccionismos —para usar el mismo término que Marino Pérez— que no hacen otra cosa que desinformar a quienes no tienen por qué estar informados sobre un determinado tema y buscan precisamente, a través de la lectura, informarse sobre ese tema.

Pérez Álvarez afirma que "…en estos tiempos de cerebrocentrismo, el cerebro no tiene un papel, sino dos: como sujeto creador y como objeto de entrenamiento".

Con respecto al primer papel, cabe aclarar al lector que el "cerebro", *per se*, no es más que una estructura biológica harto compleja que "decodifica" y "encodifica" biomolecularmente los mensajes, informaciones y experiencias que dan forma a las funciones superiores de la mente humana. Pero no puede asignarse a ese sustrato biológico la función de creatividad, inteligencia, emoción, sentimiento, etc., propia del ser humano. Pretender semejante asimilación es posicionarse en un modelo explicativo que, sin fundamento técnico alguno, crea y sostiene la figura del hombre marioneta.

Es cada persona en ejercicio de sus disponibilidades biológicas, de sus experiencias vitales, de su patrimonio cultural y de sus modelos éticos quien crea y recrea cultura.

Con respecto al segundo papel, Marino Pérez Álvarez agrega: "En cuanto a tomar el cerebro como objeto de entrenamiento, es coger el rábano por las hojas. Para empezar, el cerebro no es un órgano sensible del que tengamos experiencia directa y pudiera ser objeto de entrenamiento como, por ejemplo, los músculos esqueléticos o los esfínteres, por más que se hable de "gimnasia cerebral…".

A esta altura de los conocimientos neurocientíficos, arriesgar tal afirmación implica desconocer las evidencias de cómo el sustrato biológico en su total complejidad logra neurointegrar toda la información que recibe y automodelarse. Se desconocen, de esta manera, mecanismos de la neuroplasticidad del sistema nervioso como la neoinducción de espículas sinápticas y el desenmascaramiento neuronal, vitales para fijar las nuevas adquisiciones, consolidar nuevas vías y estructurar nuevas experiencias. Esos mecanismos se ponen en juego a partir del entrenamiento en determinadas funciones.

Las "huellas" van marcando el camino

Coincido con Pérez Álvarez en que la permanencia de "huellas" —a mí me gusta más hablar de engramas—, producto de la **neurointegración** de todas las aferencias recibidas por el individuo, "permite que los hábitos y las experiencias sean duraderas…". No hay aprendizajes sin registros mnémicos… Las "huellas" van marcando el camino.

Estamos hablando de huellas, y pareciera que los mentores del concepto de cerebrocentrismo establecen un correlato directo entre entrenamiento y "huella cerebral", sin considerar la complejidad de los procesos de **neurointegracionismo** de la información, que terminan estructurando los engramas de memoria.

Cualquier entrenamiento, fuera este cognitivo o psicomotriz, pone en juego una serie de pasos de aferencia, reconocimiento, interpretación e integración de la información, y de eferencias de las respuestas motora, ejecutiva o simbólica generadas.

En términos más simples, existe todo un sustrato biológico que dispone de las "herramientas" imprescindibles para que tales volúmenes de información terminen generando "rutas" que los nuevos flujos de información habrán de transitar. Y, precisamente, alguna alteración en la funcionalidad de uno o más de los pasos mencionados determinará que la persona no pueda desarrollar las funciones asociadas. Por ejemplo, en una discapacidad cognitiva.

Pero hay un error más grosero. El de generalizar el concepto de "huella" sin considerar si estamos hablando de una huella mnemónica basada en conceptualizaciones declarativas o en ejecuciones procedurales. Y esta consideración es fundamental para poder empezar a hablar criteriosamente del tema.

Se plantea desde el modelo no neurointegracionista la unificación de la función mnemónica, reduciéndola a un simple entrenamiento. "Si se quiere preparar el cerebro para la memoria, entrena la memoria… Y si se quiere preparar para las matemáticas o la música, estudia matemáticas o música", afirma Pérez Álvarez.

Se desconoce, entonces, que la función mnemónica implica la disponibilidad biológica de tres procesos consecutivos y a la vez integrados: la memoria de trabajo, la memoria a corto plazo y la memoria a largo plazo, base de la capacidad evocativa.

Que esa disponibilidad biológica está determinada por factores de predisposición de la persona y, también, por condicionantes ambientales —familiares, culturales, educativos, sociales, étnicos, entre otros—.

Que la memoria es entrenable toda vez que se disponga de las herramientas psicobiológicas necesarias para realizar el proceso. Que la memoria de trabajo —cualquiera que trabaja en este tema lo sabe— es entrenable a través de estímulos y técnicas adecuadas.

Que la estimulación reiterada de un estímulo dispara los mecanismos biomoleculares de potenciación a largo plazo, responsables de la fijación de una "experiencia" (*memoria a largo plazo*).

Que el manejo de la información descriptiva del mundo —declarativa—, que se asienta de preferencia en las áreas retrorrolándicas, como es el lenguaje, también se perfecciona con la reiteración del estímulo. Y que finalmente termina compilándose en un esquema eferente que se integra de forma ejecutiva —procedural— cuando se requiere de una respuesta práxica.

Como se ve, es mucho más complejo que hablar simplemente de "entrenamiento" y "huella".

Más aún, los procesos de memoria y las áreas en que se integran pueden ser diferentes según se trate de conocimientos musicales, aritméticos o lingüísticos, incluyendo variaciones funcionales y topográficas.

Ahora, si bien la memoria es una función neurointegrada, como lo es el lenguaje, la comprensión, la interpretación musical, la sensibilidad artística o la habilidad motora, el que dispone y hace uso de esas capacidades es la persona, como un todo físico, psicológico y social.

Interpretarlo de otra manera implicaría sostener un modelo esquemático y disociativo donde pareciera que el cerebro es una computadora central que maneja a su antojo a la marioneta humana y su relación con el entorno. Un modelo que dejaría afuera las subjetividades, los deseos, las emociones, los anhelos y esperanzas que dan sentido a la vida. Y que, en cierta medida, reconocen también un asiento neurobiológico.

Las neurociencias no pretenden robotizar la conducta humana. Son un magnífico campo del conocimiento científico que intenta dar explicación a las capacidades humanas describiendo la funcionalidad —y también la disfuncionalidad— del sustrato biológico en el que se basan.

Siguiendo a Kitayama y Uskul (2011), comparto el concepto de que "el cerebro forma parte de una orquestación biocultural a lo largo del desarrollo, al hilo de los contextos culturales, las formas de vida y las circunstancias personales momento a momento".

Y agrego que se trata de la herramienta que la naturaleza dispuso, en nuestra condición biológica animal, para hacer del ser humano la única especie sobre este planeta capaz de explicarse a sí mismo, modificar su entorno, crear cultura y proyectarse mediante herramientas humanas —el lenguaje, la escritura, la música— más allá de su tiempo y de su espacio.

Lo que ha hecho la neurociencia cognitiva no es otra cosa que ponerles nombre y apellido a las estructuras y procesos intervinientes en las funciones mentales. Tal como escribió Antonio Damassio en su libro *El error de Descartes: la emoción, la razón y el cerebro humano* (1994), "Descubrir que un determinado sentimiento depende de la actividad de varios sistemas cerebrales específicos que interactúan con varios órganos del cuerpo no disminuye la condición de dicho sentimiento en tanto que fenómeno humano. Ni la angustia, ni la exaltación que el amor o el arte pueden proporcionar resultan devaluadas al conocer algunos de los innumerables procesos biológicos que los hacen tal como son. Precisamente debería ser al revés: nuestra capacidad de maravillarnos debería aumentar ante los intrincados mecanismos que hacen que tal magia sea posible".

Claro está que en esa nominación no entran algunos términos histórica, social y profesionalmente consagrados —el inconsciente, por ejemplo— que aún hoy siguen sustentando escuelas psicológicas que, a mi criterio y sobre la base de la experiencia adquirida en la atención a emergentes educativos infantiles, son más generadoras de iatrogenia que de soluciones.

Algunas de esas teorías —en Argentina absolutamente prevalentes en la formación universitaria o de nivel terciario— se siguen basando en conceptos que tiene casi un siglo desde su enunciación hasta hoy.

En los últimos cien años la edad histórica de la humanidad cambió cuanto menos dos veces. Pretender sostener una teoría cuyos orígenes y fundamentos se remontan a dos edades anteriores, rechazando los nuevos e irrefutables aportes de la tecnología al servicio de las ciencias, es negarle a la sociedad la posibilidad de disponer de terapias efectivas en resultados y duración, tal vez en aras de sostener un monopolio del conocimiento que ya no es tal. Tal vez resultaría más apropiado buscar integrar aquellos conocimientos con los nuevos saberes, de manera de construir nuevas líneas de pensamiento.

¡¡No patologicemos…!! ¿Entonces?

Una consideración aparte merece el argumento de la no patologización de la infancia, en cuanto a disfuncionalidades neuropsicológicas se refiere. Y es aquí donde otra vez se utiliza un término —*patologización*— de manera general y poco precisa.

Es necesario que definamos qué entendemos por *patología* para poder proyectarnos claramente sobre la acción de patologizar. Además —afirmo y sostengo—, para poder patologizar es necesario conocer no solo de psicopatología, sino además de patología médica como disciplina trascendente en nuestra formación científica. De no ser así no podríamos explicar de qué manera ciertas "patologías" del aparato digestivo, la sangre, el aparato respiratorio, el aparato circulatorio, el metabolismo, el sistema endocrino y, obviamente, el sistema nervioso son determinantes en el origen, el mecanismo y en el pronóstico de numerosos trastornos del neurodesarrollo infantil. Es más, si bien es necesario saber de patología para patologizar, mucho más necesario es conocer de patología para no patologizar.

Surge entonces la necesidad de definir claramente el concepto de patología. Y precisamente existen dos acepciones técnicas aceptadas: patología como disciplina científica y patología como el hecho fáctico del estado de un individuo que sufre de situaciones que lo afectan en su faz orgánica, psicológica y/o social. Y que la gente asimila al concepto de enfermedad.

Cuando un niño se nos presenta en OPPROSE padeciendo de una dificultad real asociada, por ejemplo, a sus posibilidades de comunicación, sus capacidades de aprendizaje, sus dificultades motrices, su contacto con la realidad, entendemos que estamos ante un hecho fáctico que aleja a ese niño de la media poblacional en cuanto a las funciones del neurodesarrollo afectadas.

No patologizar implicaría negar el hecho fáctico. ¡No existe!

Y aquí está la base del error de utilizar el término "marketinero" de no patologización. Cuando en realidad lo que se cuestiona es la "nosologización" de la patología desde un modelo prevalente.

Debemos aclarar, entonces, qué entendemos por nosología.

La nosología[3] es la rama de la ciencia médica que tiene por objetivo describir, explicar, diferenciar y clasificar las diferentes "patologías" existentes —*como hechos fácticos*—, entendiéndolas como entidades caracterizadas por peculiaridades semiológicas —*síntomas y signos*—, etiológicas—*causalidad*— y patogénicas —*mecanismo de producción*—.

El campo de la nosología es un campo complejo que incluye otra serie de disciplinas que solo mencionaré a modo ilustrativo, como la nosonomía—*referida a la conceptualización de enfermedad*—, la nosotaxia —*referida a la clasificación de las patologías*—, la nosografía —*referida a la descripción de las características de la enfermedad*— y la nosognóstica —*referida a los juicios clínicos y procedimientos que se llevan a cabo para alcanzarlos*—.

Por otro lado, la nosología no resulta un concepto ni novedoso ni caprichoso, sino que es el producto de avances que se fueron gestando en la historia de las ciencias.

En consecuencia, la "no patologización" constituye la negación del hecho mismo de la patología. La patología no existe. *Entonces… ¿qué vamos a tratar?*

---

3   Renato, D., Alarcón, G. y Freeman, A. M. (2015). "Ontological routes of psychiatric nosology: ¿How did DSM-5 arrive?". *Revista de Neuro-psiquiatría, 78 (1).*

Coincido en que no es posible interpretar todas las situaciones basándose en un estándar o una taxonomía invariable, por cuanto cada persona es una individualidad en cuanto a sus vivencias, sentimientos, pensamiento e historia de vida. Pero la negación a considerar la existencia de la "patología", y peor aún, su desconocimiento como tal, conlleva el riesgo de la subcategorización. Y aquí entramos en una contradicción peligrosa.

Porque en el afán del no encasillamiento de sus manifestaciones, de la interpretación de las causas la más de las veces en subjetividades, y en el correcto paradigma de utilización terapéutica de las disponibilidades, pero sin profundizar en los mecanismos de producción que determinan las disfuncionalidades y, en consecuencia, las disponibilidades residuales, condenamos al paciente a una perpetuación temporal de sus manifestaciones. Y cualquiera sabe que la mejor recuperación ante cualquier trastorno, disfunción, enfermedad, patología pasa por el diagnóstico temprano y la atención precoz y efectiva.

En OPPROSE recibimos habitualmente a niños cuyos profesionales "no patologizadores" han terminado profundizando por inacción aquellas dificultades que el niño pudiera haber manifestado. Baste solo mencionar la repetida muletilla del *ya va a hablar bien* que se aplica a muchos niños que presentan algún retraso en la adquisición del lenguaje.

En un número de niños esta expresión es válida y tiene por finalidad intentar calmar la legítima ansiedad de los padres. Muchos de esos niños efectivamente comenzarán a desarrollar el lenguaje más tardíamente, y de ninguna manera ese "retraso" puede ser categorizado como patológico.

Pero muchos otros alcanzarán la edad de la escolaridad primaria con severas dificultades expresivas. Dificultades que podrían haber sido detectadas y tratadas a tiempo si hubieran sido interpretadas adecuadamente por el profesional. Niños con trastornos en la comunicación —*trastornos específicos del lenguaje (TEL)*— tanto en la expresión como en la comprensión, o mixtos, con uno, dos o más años de tropiezos escolares, llegan a OPPRO-

SE traídos por padres cansados de esperar que se cumpla el premonitorio *ya va a hablar bien.*

Para la adquisición de funciones no existe un reloj biológico exacto, pero hay un rango de tiempo flexible dentro del cual deben ser alcanzadas. Solo como ejemplo mencionemos la clásica escala de hitos del desarrollo de la Universidad de Denver (Colorado) en Estados Unidos. Esta escala muestra claramente los tiempos de adquisición de gran cantidad de logros psicomotrices y lingüísticos. Así, por ejemplo, un niño de entre 16 y 30 meses de vida debe ser capaz de nominar un dibujo de algún objeto cotidiano. A los 24 meses el 75% de los niños ha adquirido esa función. Pero si a los 36 meses aún no la ha adquirido, debe ser un llamado de atención para cualquier profesional que tome conocimiento del caso. Otros documentos publicados por organizaciones tanto internacionales (PAHO, OMS, UNICEF) como locales (SAP) también dan cuenta de esta progresión del desarrollo infantil.

Negarse a categorizar un trastorno o una disfuncionalidad, quedando a la espera de que esa función *ya se va a establecer*, es para mí, simplemente, **iatrogenia**. He visto con alarmante frecuencia cómo algunos conceptos se utilizan equivocadamente. Más grave aún es cuando esa confusión de conceptos es la base sobre la que se sustentan argumentos detractores con los que se pretende descalificar paradigmas contrapuestos.

He visto videos en los que los defensores de la "no patologización" suelen argumentar que la categorización de trastornos termina favoreciendo otros intereses como los que se derivan del uso de las medicaciones para tratarlos. Y aquí volvemos a confundir categorizar trastornos o "nosologizar" con "medicalizar los trastornos". A menudo nos encontramos con las dos versiones de la controversia: en un extremo, niños con trastornos no diagnosticados por sus terapeutas "no patologizadores", cuyos padres esperan que se cumpla el premonitorio *ya va a...* En el otro extremo, niños innecesariamente medicados por sus médicos neurólogos o psiquiatras infantiles, quienes al atacar el síntoma terminan ocultando la causa y bloqueando posibilidades terapéuticas que la neurociencia y la tecnología nos permiten hoy.

Solo por mencionar un ejemplo, hemos comprobado a través de electroencefalografía computada cuantitativa cómo aquellos niños medicados con ciertos psicofármacos muestran un bloqueo selectivo de la actividad eléctrica cerebral en determinadas frecuencias; situación que hemos denominado "anclaje" de frecuencias y que bloquea mecanismos de neuroplasticidad. En otros casos, se utilizan medicaciones correctamente indicadas para el objetivo médico que deben cumplir, pero que en niños en edad escolar terminan afectando el rendimiento cognitivo y la fijación de memoria (tal como sucede hoy con el clobazam).

Finalmente, debemos separar los aportes de las ciencias *per se* del uso que hacen quienes la ejecutan. En todos los órdenes de la vida encontraremos distintas categorías de ejecutores del área del conocimiento que ostentan. Los habrá responsables o no, ilustrados o no, éticos o no.

Empezaremos así a poner las cosas en su lugar… No podemos desacreditar a la medicina por lo que hacen algunos médicos, ni a la psicología por la forma de actuar de algunos psicólogos, ni al periodismo por la forma de trabajar de algunos periodistas, ni a la educación por el accionar de algunos educadores.

Cualquier campo del conocimiento es el producto del esfuerzo, el tesón y la capacidad de muchos hombres y mujeres que han aportado experiencias y saberes a cada disciplina a través de los años. Pretender desacreditar cualquier ciencia o campo del conocimiento a partir del ejercicio profesional de quienes las ejecutan es "tomar el rábano por las hojas", al decir de Pérez Álvarez.

Salvo que no exista otro argumento detractor mejor.

Este trabajo pretende llevar al lector, desde la postura del **neurointegracionismo**, la información y las prácticas que venimos desarrollando en OPPROSE en la atención y recuperación de niños con discapacidades cognitivas asociadas a trastornos del neurodesarrollo.

CAPÍTULO 1

Nociones básicas

El desarrollo integral en la infancia es fundamental para la construcción del capital humano y social. Estos elementos son considerados necesarios para romper el ciclo vicioso e intergeneracional de la pobreza y reducir las brechas de inequidad, igualando oportunidades no solo a nivel socioeconómico, sino también de género y de ser humano.[4]

El objetivo de este trabajo es aportar claridad sobre los trastornos del neurodesarrollo infantil. Es por ello por lo que no podemos soslayar la necesidad de poner en claro conceptos básicos que suelen ser confundidos por el lego. Es imprescindible

---

4 Figueiras, A. C., Neves de Souza, I. C., Ríos, V. G. y Benguigui, Y. (2011). *Manual para la vigilancia del desarrollo infantil (0-6 años) en el contexto de AIEPI.* Washington DC: Organización Panamericana de la Salud. Segunda edición.

entender y diferenciar los conceptos de crecimiento y de desarrollo, para luego comprender cómo se van estableciendo progresivamente hitos a través de los primeros años de vida.

Crecimiento

El concepto de crecimiento hace referencia al aumento progresivo de la estructura orgánica. Es el incremento cuantitativo del número y tamaño celulares. Medir el crecimiento es poder establecer un continuo de modificaciones físicas que son posibles de cuantificar a partir de herramientas basadas en estándares, que permiten valorar peso, talla, perímetro cefálico, perímetro torácico, masa corporal, perímetro braquial, núcleos de osificación, etc. De esa manera, y sobre la base del registro continuo de los cambios estructurales del individuo desde el momento del nacimiento mismo, será posible establecer, por un lado, su ritmo de crecimiento propio y las posibles modificaciones de ese ritmo y, por otro, comparar porcentualmente el crecimiento del individuo con la muestra de la población de la misma raza, edad y sexo. Las tablas de percentiles, que utilizan habitualmente los pediatras para el control de peso y talla, por ejemplo, son herramientas útiles para la evaluación del crecimiento de un niño.

El crecimiento de un individuo no guarda proporcionalidad anatómica y temporal. Al respecto es muy conocido el esquema de las proporcionalidades orgánicas segmentarias de Stratz, el que a grandes rasgos establece lo siguiente:

a. En el recién nacido la cabeza representa ¼ de la talla total, y la línea media de la talla pasa ligeramente por encima del ombligo.

b. A los 2 años, ½ de la talla pasa por el ombligo.

c. A los 6 años, ½ de la talla pasa por debajo del ombligo y la cabeza representa solo un quinto de la talla.

Tampoco el ritmo del crecimiento de órganos y sistemas es siempre uniforme. El sistema nervioso se caracteriza por ser de rápido crecimiento durante la vida intrauterina y los cuatro primeros meses de la vida extrauterina, para enlentecerse posteriormente. Se suma a esta característica que las células del sistema nervioso central carecen de la capacidad de reproducirse, por lo que se las conoce como *postmitóticas*. En consecuencia, cualquier afectación de estas durante este inicial período de la vida podrá potencialmente generar trastornos del neurodesarrollo. No obstante, se deben considerar en la funcionalidad del sistema nervioso aspectos inherentes a su capacidad neuroplástica; es decir, de establecimiento de nuevas vías, vías alternativas y sinapsis que al momento del nacimiento no se hallaban presentes y cuya adecuada estructuración resulta fundamental para alcanzar un apropiado funcionalismo del órgano.

Desarrollo

El concepto de desarrollo, en cambio, suele ser más difícil de medir, ya que abarca un mayor número de variables, muchas de ellas atravesadas por valoraciones sociales, culturales y educativas. Precisamente, establecer el concepto de desarrollo infantil no es una tarea sencilla, y varía según las referencias teóricas que se quieran adoptar y los aspectos que se quieran abordar.

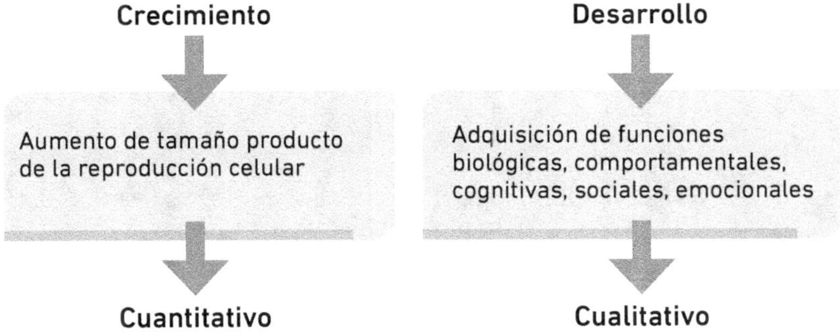

Para el pediatra, se dispone de la definición clásica de Marcondes[5]: "el desarrollo es el aumento de la capacidad del individuo para la ejecución de funciones cada vez más complejas". Los neuropediatras harán hincapié en la maduración del sistema nervioso central. Los psicólogos centrarán su observación en aspectos cognitivos, adaptativos y de interrelación con el entorno familiar, social y ambiental. Los logopedas ajustarán su observación a aspectos del desarrollo neurolingüístico y comunicacional del individuo. Por esta razón, variables disímiles e indudablemente relacionadas requerirán para su evaluación herramientas diferentes, las cuales a su vez se construirán sobre modelos de intervención distintos, a veces, contrastados.

Paul Henry Mussen[6], psicólogo e investigador norteamericano (1922-2000), pionero de la psicología moderna del desarrollo, lo define como "los cambios de las funciones físicas y neurológicas, cognitivas y del comportamiento, que emergen de manera ordenada y son relativamente permanentes."; y plantea la necesidad de detectar cómo y por qué el organismo humano crece y cambia durante la vida, sobre la base de tres aspectos:

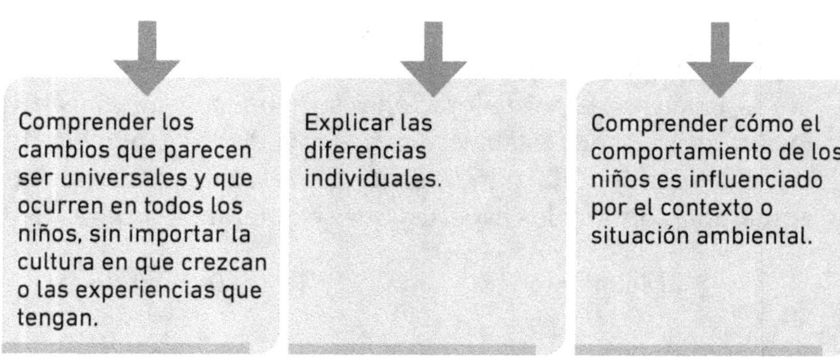

5   Marcondes, E., Machado, D. V. M., Setian, N. y Carrazza, F. R. (1991). "Crescimento e desenvolvimento". En Marcondes, E. (coord.), *Pediatria Basica*. (8a ed.). São Paulo: Sarvier, pp. 35-62.

6   Mussen, P. H. (1983). *Handbook of Child Psychology: Child Psychology in Practice*. (4th Revised edition). USA: John Wiley & Sons Inc.

Estos tres aspectos —patrones universales, diferencias individuales e influencias contextuales— son necesarios para entender el desarrollo infantil. Como decíamos más arriba, dependiendo de la orientación teórica del profesional y de qué quiere evaluar, el énfasis puede ser colocado en cualquiera de estos aspectos.

Podemos afirmar que existen características definidas y previsibles que son continuas, ordenadas y progresivas. Si bien todos los niños individualmente son diferentes, el crecimiento y el desarrollo siguen tendencias predeterminadas en su dirección, orden y ritmo.

> **Crecimiento y desarrollo son procesos relacionados, pero en esencia diferentes.**

El desarrollo se produce sobre la base del crecimiento del individuo. Es esperable que a medida que el individuo crezca vaya obteniendo y consolidando pautas de desarrollo. El conflicto se plantea cuando, a pesar del crecimiento, el desarrollo no se produce de la manera esperada, y por ende se establece una brecha entre ambos procesos. A medida que la brecha se profundiza, mayores serán los déficits que se presentarán.

En resumen, el desarrollo infantil es un proceso que comienza desde la concepción e involucra aspectos que sobre la base del sustrato biológico implican desde la adquisición progresiva y ordenada de funciones orgánicas, hasta la maduración neurológica, del comportamiento, cognitiva, social y afectiva del niño. El resultado es un niño competente para responder a sus necesidades y a las de su medio, considerando su contexto de vida.

Breve introducción a los mecanismos
del neurodesarrollo

El neurodesarrollo se da a través de un proceso continuo de interacción entre el niño y el medio, que resulta en la maduración del sistema nervioso con la adquisición y el establecimiento de funciones cerebrales que terminarán delineando las capacidades, aptitudes y personalidad del individuo. Como veremos más adelante, el desarrollo del cerebro es un proceso complejo y preciso que se inicia en la vida embrionaria y continúa después del nacimiento.

Podemos mencionar cinco mecanismos básicos del neurodesarrollo, de los cuales los tres primeros se dan en la vida intrauterina, mientras que los dos restantes se extienden más allá del nacimiento. Estos mecanismos son la proliferación neuronal, la migración, la organización y laminación del cerebro, la mielinización y la neuroplasticidad.

La proliferación celular, la migración, la organización y la laminación del cerebro y mielinización, si bien tienen una cronología correlativa, no constituyen etapas consecutivas, ya que se van solapando entre sí. Cualquier agente externo o interno presente en el medio puede actuar afectando cualquiera de estos procesos y, en consecuencia, el neurodesarrollo del individuo. Por ejemplo, el consumo de alcohol o de drogas de adicción por parte de la madre gestante, o la desnutrición del niño menor de dos años, por solo mencionar dos ejemplos extremos.

La proliferación de las células nerviosas es un proceso que ocurre en la primera mitad de la gestación a partir del neuroepitelio, una estructura derivada del tubo neural primitivo, gracias al cual se da origen a los más de cien mil millones de neuronas que el cerebro posee.

Todas las neuronas deben desplazarse a su lugar final en la corteza durante el proceso llamado migración; este segundo proceso se da desde la parte más profunda del cerebro, donde nacen las neuronas, hasta la corteza o borde externo. Se trata de un proceso muy preciso, y el momento más importante ocurre en el segundo trimestre del embarazo. Puede ser afectado por la exposición fetal a medicamentos, infecciones, tóxicos, desnutrición y estrés materno, entre otros, y producir modificaciones estructurales cerebrales importantes como consecuencia de estos eventos, conocidas como trastornos de la migración neuronal.

Después de las veinticinco semanas postconcepcionales, la reproducción de nuevas neuronas es excepcional. Sin embargo, el peso del cerebro se triplica después de que la fase de proliferación ha terminado. Este sorprendente incremento en peso y volumen obedece a la aparición de millones de conexiones entre las neuronas —llamadas *sinapsis*— y a la arborización de estas conexiones, resultado de la aparición de *dendritas*. Estas conexiones neuronales podrán ser modeladas según la exposición a factores externos e internos y las experiencias podrán modificar su conformación en forma permanente. *Precisamente esta capacidad de remodelación del conexionado cerebral, denominada neuroplasticidad, está en la base de la fijación y evocación de los aprendizajes.*

El último proceso en iniciarse es la mielinización, en el que las prolongaciones de las neuronas —*axones*— se recubren de una sustancia lipídica —*grasosa*— conocida como *mielina* para mejorar la velocidad de transmisión de los impulsos nerviosos. Se trata de un proceso crítico que se inicia cerca del nacimiento y se prolonga mucho más allá de este. Dicho mecanismo puede verse severamente afectado en los primeros meses de vida como consecuencia de la falta de nutrientes, el hipotiroidismo, la anemia y la ausencia de una adecuada estimulación en el niño pequeño.

CAPÍTULO 2

Crecimiento y desarrollo del sistema nervioso

Enunciados y explicados brevemente los mecanismos del neurodesarrollo, se plantea la necesidad de entender cómo el sistema nervioso va generando el sustrato anatómico que permitirá al individuo adquirir y consolidar pautas de desarrollo. Este proceso, como se explica a continuación, se inicia en el momento mismo de la concepción.

Entendemos por organogénesis los mecanismos que llevan a la formación de órganos, aparatos y sistemas. En la organogénesis del sistema nervioso el primer evento en la etapa de embrión es la formación de una lámina plana de células en la superficie dorsal en los primeros días de vida. Esta lámina plana, llamada placa neural, es el esbozo embrionario de lo que luego va a ser el sistema nervioso. Antes del primer mes de vida embrionaria, la placa neural se pliega formando un tubo alargado y hueco: el tubo neural, cerrado en su parte central pero abierto en sus extremos. Recubriendo el interior hueco del tubo neural se forma una capa de células conocida como neuroepitelio, responsable de la formación de las células nerviosas primitivas: los *neuroblastos*. A partir de esta capa de células se originarán las neuronas y otras células que, en términos generales, se agrupan como neuroglias (Bayer, 1985).

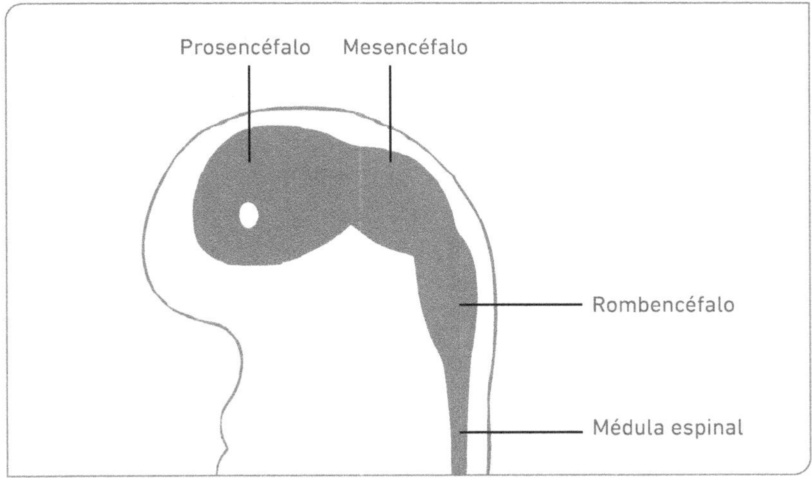

La formación de este tubo neural y de células nerviosas a partir del neuroepitelio se debe a complejos mecanismos biomoleculares inductores de crecimiento, cuyo detalle excede la finalidad de este libro. Solo baste mencionar que estos mecanismos están regulados genéticamente.

Los extremos no cerrados del tubo neural se conocen como neuróporos anterior y posterior. Tales neuróporos se cierran normalmente entre los días 24 y 27 de vida, pero cuando el mecanismo de cierre falla, los neuróporos permanecerán abiertos y darán origen a una malformación conocida como *mielomeningocele.*

Antes del cierre de ambos neuróporos, pueden distinguirse algunas subdivisiones del sistema nervioso como la futura médula espinal y el encéfalo, dentro del cual es posible distinguir el cerebro anterior llamado prosencéfalo, el cerebro medio o mesencéfalo y el cerebro posterior o rombencéfalo (*ver figura*). Hacia la quinta semana el cerebro anterior o prosencéfalo dará lugar al telencéfalo (los futuros hemisferios cerebrales).

La formación y diferenciación de las células del sistema nervioso a partir del neuroepitelio ha sido explicada desde diferentes escuelas científicas, como la española o la anglosajona, por solo mencionar las más tradicionales. Lo cierto es que en el neuroepitelio existen algunas células conocidas como células madre o células pluripotenciales, las que podrán desarrollar todas las células del sistema nervioso, excepto las células de la microglía. Si bien es dogmático afirmar que las neuronas no se dividen más en la adultez, mediante experimentos con ADN marcado se ha podido demostrar que, en zonas antiguas del cerebro como el bulbo olfatorio y el hipocampo, las neuronas sufren divisiones.

Cuando ha finalizado la proliferación celular, las neuronas migran desde el centro del encéfalo hasta los lugares donde van a residir finalmente, especialmente la corteza cerebral.

El sistema nervioso así formado continuará su desarrollo más allá de la vida intrauterina, durante los primeros años de vida extrauterina y, gracias a su neuroplasticidad, durante toda la vida del individuo. Por lo que cualquier evento que pudiera afectarlo especialmente durante el primer tiempo de vida, como el déficit de aporte de nutrientes, la falta de oxígeno, la existencia de traumas físicos, enfermedades infecciosas, cuadros metabólicos como hipoglucemia neonatal, etc., podrá favorecer la aparición de un trastorno del neurodesarrollo.

Desarrollo de la función neural

Durante las primeras cinco semanas del desarrollo embrionario no hay evidencias de funciones neuronales. Hacia la sexta semana, la actividad refleja primitiva puede provocarse por primera vez, cuando al tocar la piel que rodea la boca se produce una flexión del cuello. En las siguientes seis a ocho semanas, la sensibilidad de la piel del feto a los estímulos táctiles se extiende desde la cara a las palmas de las manos y a la región superior del tórax. Y hacia las doce semanas de gestación toda la superficie del cuerpo del feto es sensible, excepto la espalda y la coronilla.

Desde el final del cuarto mes el feto comienza con un patrón de períodos de actividad seguidos por otros de inactividad. Es por esta razón que muchas mujeres son capaces de percibir los movimientos fetales en esta etapa. El reflejo de succión aparece durante el sexto mes.

El desarrollo de los circuitos funcionales puede ilustrarse en la médula espinal. Es posible identificar varias etapas en su maduración estructural y funcional. La primera está caracterizada por la diferenciación de las neuronas, empezando por las neuronas motoras, las sensitivas y, por último, las interneuronas, que contactan a las primeras con las segundas, de manera de construir el sustrato biológico de los reflejos primitivos. En esta etapa también se produce el crecimiento de axones y dendritas; estas últimas ejecutoras finales de las conexiones entre neuronas. Lo que más adelante denominaremos sinapsis. La segunda etapa se refiere al cierre del circuito que permite la expresión de reflejos segmentarios locales.

A medida que el circuito local se está estableciendo, otros axones están creciendo a través de fascículos descendentes en la médula espinal o están cruzando desde el otro lado de la médula. Cuando estos axones hacen contacto con los componentes del reflejo simple que se estableció en la segunda etapa, ha quedado establecida la base anatómica para los reflejos intersegmentarios y cruzados de la médula espinal. Más adelante, en el período fetal, estos circuitos más complejos se completan y ciertas células gliales, como los oligodendrocitos dentro del sistema nervioso central, mielinizan a los fascículos.

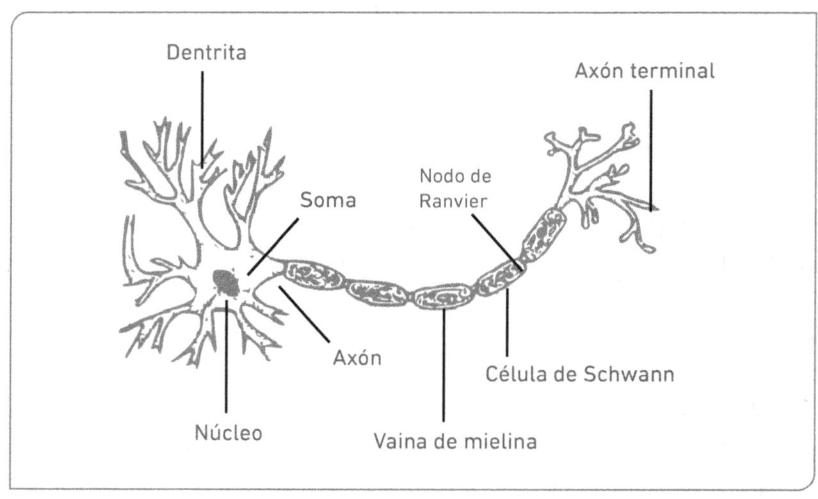

Al respecto cabe aclarar que una función primordial de este tipo de células gliales en el sistema nerviosos central —*oligodendrocitos*— es la producción de *esfingomielina*, sustancia grasa que cubre las prolongaciones de las neuronas favoreciendo la velocidad de conducción del impulso nervioso. *En el sistema nervioso periférico son las células de Schwan las que mielinizan los nervios.*

La mielinización comienza en la médula espinal aproximadamente a las once semanas, y en el cerebro hacia el tercer trimestre. No obstante, la mielinización de los fascículos de asociación ubicados en la corteza cerebral —*áreas de procesamiento específico de información*— se produce después del nacimiento. La mielinización continúa después del parto; es por este motivo que los bebés tienen movilidad creciente durante su primer año de vida.

La mielinización aporta a la optimización de la velocidad de conducción del estímulo nervioso, lo que a su vez se expresa en la progresiva maduración de las funciones de coordinación motora y de integración sensorial y cognitiva. Desde nuestra experiencia en OPPROSE verificamos a través de electroencefalografía cuantitativa y mapeo cerebral que en la mayoría de los niños con trastornos del neurodesarrollo existe un marcado predominio de ondas cerebrales lentas, más allá de lo esperable para la edad.[7] Esto significa que el reclutamiento de la mayor proporción de masa de neuronas dispara a una velocidad inferior a siete ciclos por segundo, especialmente en el rango de 1 a 4 ciclos por segundo. En estos niños el índice de velocidad de procesamiento medido a través de la prueba de Wechsler suele ser coincidente con los resultados medidos por electroencefalografía **cuantitativa. Serán necesarias más investigaciones que permitan asociar este fenómeno de ralentización del procesamiento nervioso con la posibilidad de una mielinización imperfecta.**

Por otra parte, es conocido que en pacientes que sufren enfermedades que llevan a una disminución en la producción de mielina —*enfermedades desmielinizantes*— se observa una disminución progresiva de sus aptitudes cognitivas mucho antes de que aparezcan las manifestaciones físicas. Como dato agregado podemos afirmar que en la mayoría de los niños con algún tipo de discapacidad de aprendizaje se suele observar un registro electroencefalográfico mayormente de baja potencia. Esto significa que la masa de neuronas que se activan no solo lo hacen lentamente, sino también en menor cantidad.

Para poder valorar adecuadamente este dato debemos entender, como se explicará más adelante, que la actividad nerviosa es consecuencia del pasaje constante de un flujo eléctrico provocado por cambios químicos entre el interior y el exterior de la célula nerviosa (*neurona*).

Este flujo electroquímico que se registra mediante un electroencefalógrafo es en realidad la sumatoria algebraica de los

---

7   Sciotto, E. A. (2009). *Ciclo Superior Necesidades Educativas especiales en la escolaridad común*. Módulo de estudio N° 3. Buenos Aires.

potenciales eléctricos de las neuronas que se activan en la zona próxima al electrodo de registro. Si partimos del conocido concepto del "todo o nada", por el cual afirmamos que cualquier célula excitable —y las neuronas lo son— se expresa eléctricamente de forma binaria —se activa o no se activa, pero nunca se activará a medias—, podemos concluir que la mayor o menor potencia que se registre a través del electroencefalógrafo será el producto de un mayor o menor número de neuronas activadas —fenómeno que se conoce como *despolarización*— haciendo sinapsis. Sabido es que la cantidad de células cerebrales no es un indicador directo de las potencialidades funcionales del cerebro, *pero sí lo son la cantidad de sinapsis funcionales.*

Sinapsis y flujo de información

Todas las estructuras que hemos mencionado adquieren sentido cuando puestas a funcionar son capaces de mantener un flujo de información permanente y adecuado. Como se dijo, las neuronas transmiten la información a través de un flujo electroquímico que activa a sucesivas neuronas de una red celular, una red nerviosa que, en el caso del aprendizaje, es el producto de una experiencia de activación previa. Este mecanismo de transmisión, y más específicamente el contacto entre neuronas, adopta el nombre de sinapsis. Las sinapsis, como fenómenos electroquímicos, son los procesos que dan funcionalidad al sistema nervioso. No habría expresión funcional del sistema nervioso sin sinapsis; es decir, sin mecanismos de transmisión de información y generación de respuestas a estímulos externos o internos.

En el punto de comunicación entre neuronas —*sinapsis*— existen elementos estructurales básicos. Estos son: un terminal presináptico, una hendidura sináptica y un botón o terminal postsináptico (*ver imagen*). Debemos aclarar que el contacto entre neuronas no es **íntimo**, es decir, la neurona presináptica "no toca" a la postsináptica. Entre ambas existe una hendidura, un espacio ínfimo doscientas mil veces más pequeño que un milímetro. En ese espacio es que se vuelcan las sustancias químicas llamadas neurotransmisores, responsables de generar los cambios eléctricos que permitirán que fluya la información.

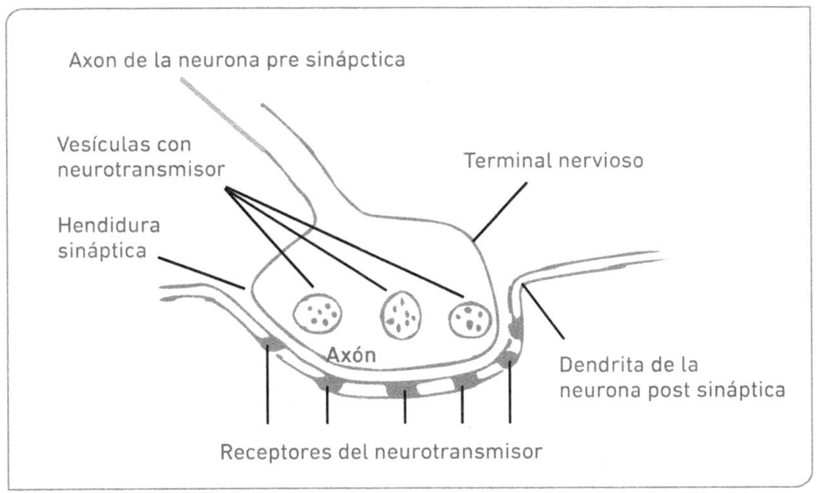

El terminal presináptico es la parte más distal de la neurona que trae la información codificada como un flujo electroquímico capaz de progresar a través del axón por los cambios de potencial que ese flujo determina. El terminal presináptico tiene como función liberar una sustancia química específica —*neurotransmisor*— que interactúa con receptores presentes más allá de la hendidura sináptica, en la célula postsináptica. Esta interacción —que funciona a modo de "una llave y su cerradura" por su especificidad— desencadena una respuesta en la célula receptora que sigue mecanismos bioquímicos diferentes. A su vez existen dispositivos de autorregulación de la liberación del neurotransmisor, que hacen que la cantidad de mediador químico liberado sea exactamente el necesario para desencadenar la respuesta adecuada. Estos mecanismos de regulación desde la presinapsis también están mediados por receptores que reconocen a la sustancia química liberada y la recaptan. Esta recaptación lleva a la degradación del neurotransmisor. Dentro de estos mecanismos de autorregulación podemos incluir a aquellos propios de cada tipo de neurotransmisor, y al recientemente reconocido sistema endocannabinoide, sobre el cual nos extenderemos en un próximo capítulo.

En conclusión, son estos —el flujo electroquímico y las conexiones sinápticas— los mecanismos básicos de funcionalidad del sistema nervioso. Así funcionarán tanto las vías que configuran una respuesta refleja, una actividad motora, una percepción sensorial, como las que determinen una huella de memoria.

Precisamente, el reconocimiento de los procesos sinápticos aportó notablemente al conocimiento del funcionamiento del sistema nervioso, incluso de sus manifestaciones conductuales y cognitivas. La neurofarmacología se ha construido sobre la base del conocimiento de estos mecanismos y de los neurotransmisores que intervienen en ellos. Es conocida, sin llegar a ser exhaustiva, la correlación existente entre mecanismo de neurotransmisión y trastornos mentales. Por regla general, podemos afirmar que los estados depresivos suelen estar asociados a una disminución —*depleción*— del neurotransmisor serotonina. Tanto es así que las modernas drogas que se usan actualmente como antidepresivos inhiben selectivamente la recaptación de la serotonina, favoreciendo la permanencia en la hendidura sináptica de mayor cantidad de neurotransmisor. Con ello se corrige el estado anímico del individuo. Investigaciones en el campo de los trastornos del neurodesarrollo infantil, especialmente aquellos del espectro de autismo, revelan que en tales cuadros se observa un incremento en la presencia de serotonina en diferentes áreas de cerebro. Diferentes centros de investigación han hallado un aumento de serotonina de entre un 30% y un 50% en la sangre de niños autistas. Y este incremento está directamente asociado a la profundidad de los síntomas presentes en el paciente.

La disminución de otro neurotransmisor conocido como dopamina en la sustancia negra, estructura cerebral perteneciente a los ganglios basales y relacionada con el movimiento, es la causa primaria de la enfermedad de Parkinson. Es por ello por lo que la medicación consiste en proveer levodopa —un precursor metabólico de la dopamina— con el objeto de paliar el déficit y mejorar la sintomatología del paciente. Contrariamente, el aumento en la exposición de dopamina al terminal postsináptico en forma permanente está presente en la génesis de cuadros psicóticos como la esquizofrenia. Las medicaciones antipsicóticas clásicas producen un bloqueo de los receptores de dopamina, con lo que se logra una disminución de los efectos de la sobreexposición y la remisión progresiva de la sintomatología del paciente.

El desbalance entre mediadores químicos como dopamina y acetilcolina está postulado como causal de cuadros de déficit de atención con hiperactividad. El metilfenidato —más conocido por su nombre comercial de *Ritalina* o *Rubifen*— es una droga psicoestimulante que produce un efecto símil anfetamínico, con lo que se compensa el desbalance inicial.

La memoria a largo plazo es regulada por sustancias **químicas conocidas como glutamato.** Estos mediadores se encuentran presentes en gran parte del cerebro y específicamente en una estructura llamada hipocampo, la que se reconoce como la sede de la memoria evocativa. Es conocida también la participación de la acetilcolina como neurotransmisor presente en vías de la cognición. El aporte externo de fenilalanina —un aminoácido precursor de la síntesis de acetilcolina— se postula para mejorar el rendimiento cognitivo de las personas.

El GABA (Ácido Gamma Aminobutírico) es un neurotransmisor que media una respuesta inhibitoria del flujo electroquímico. Los tranquilizantes menores del grupo de las benzodiazepinas —como el clonazepam— son drogas que actúan mediante un mecanismo GABA, por lo que se las utiliza en estados de ansiedad.

En suma, todos estos sutiles mecanismos biológicos, químicos y moleculares descriptos subyacen en la esencia de un normal neurodesarrollo. Cualquier afectación de uno o más de ellos resultará determinante y podrá expresarse en un trastorno cuya profundidad y gravedad dependerá de la intensidad de la noxa. En conclusión, neurodesarrollo es el proceso por el que el sistema nervioso crece, madura y adquiere funciones. Es el mecanismo a través del cual —y como consecuencia de los mecanismos biomoleculares descriptos— se organiza como un sistema de relación que genera diferentes variables como atención, pensamiento, emoción, memoria, lenguaje, socialización y control motor, que le permiten al individuo responder a las demandas del medio ambiente en constante interacción. Como vimos, este proceso comienza durante la gestación y se extiende más allá de la edad adulta, toda vez que los seres humanos estemos sometidos permanentemente a estímulos capaces de favorecer fenómenos neuroplásticos.

CAPÍTULO 3

Características anatómicas y funcionales del sustrato de la cognición[8]

Desde hace muchos años el cerebro ha sido dividido en diferentes áreas funcionales con el fin de intentar proponer localizaciones específicas para cada función. Este modelo, que se planteó hacia fines del siglo XVIII con el surgimiento de dos

---

8   Eduardo Alfredo Sciotto. El siguiente material fue incluido en los módulos de estudio correspondientes a los cursos de capacitación para docentes dictados por el autor: "Educación y Salud" e "Integración de las Necesidades Educativas Especiales" (D.G.C. y E., provincia de Buenos Aires). El contenido actualizado por el autor en el año 2015 está incluido en el curso de capacitación a distancia "Necesidades Educativas Especiales en la escolaridad común", que OPPROSE dicta a través de Internet, y en el libro de Sciotto, E. A. (2014). *Neuroeducación para educadores. El cómo y el porqué de las dificultades de aprendizaje de nuestros niños*. Buenos Aires: Bonum.

grandes escuelas neuropsicológicas —el localizacionismo freno-
lógico de Franz Josef Gall y el Holismo o Psicologismo equipo-
tencial de Marie-Jean Pierre Flourens—, generó posicionamien-
tos enfrentados que se extendieron por casi dos siglos.

"Ambos modelos con epistemes, procedimientos y respaldos
científicos se desplazan en direcciones opuestas acerca del funcionamiento, ordenamiento y localización de las funciones cognitivas en el cerebro"[9]. Si bien a Gall se le reconoce el mérito de
haber propuesto una mirada del cerebro en la cual las funciones
se corresponden con áreas cerebrales determinadas, fueron otros
científicos como Broca y Wernicke los que aportaron evidencias
definitivas de las certezas de los postulados localizacionistas.

En 1864 —treinta y seis años después de la muerte de Gal—,
el cirujano francés Paul Broca se hizo famoso por describir un
grupo de pacientes con síndrome neuropsicológico focal, donde
la fluencia del lenguaje se encontraba alterada, permaneciendo
conservada la comprensión, cuadro que denominó afasia de Broca. Declaró, con esta evidencia, haber hallado la localización del
centro del lenguaje, ubicado en la tercera circunvolución frontal
del hemisferio izquierdo.

Posteriormente, en 1874, Carl Wernicke describiría una lesión
temporal-parietal izquierda, que comprometía la comprensión
del lenguaje, sin alterar la fluencia, llamada afasia de Wernicke o
de comprensión. Con esta evidencia, Wernicke concluiría haber
hallado el centro cerebral encargado de la comprensión del lenguaje.

A estos se sumaron los estudios de Déjérine sobre la dislexia
(1892) y de Liepman sobre la apraxia (1905). Por su parte, Fritsch
y Hitzig, en 1870, publicaron un trabajo sobre excitabilidad eléctrica del cerebro, y comprobaron que la estimulación de la cor-

---

9   López Velásquez, N. (2019). *Ejes de discusión entre holistas y localizacionistas en torno a las funciones cerebrales*. Documento de actualización. Facultad de
Psicología. Departamento de Ciencias Sociales. Osorno, Chile: Universidad de
los Lagos.

teza anterior provocaba el movimiento en el lado opuesto del cuerpo, lo cual sugería la existencia de centros o representaciones topográficas de las diferentes partes del cuerpo en el córtex.

A principios del siglo XX, el neurólogo alemán Korbinian Brodmann definió 52 regiones en la corteza cerebral de humanos y primates que parecían tener una morfología y organización celular diferente. Inició de esa manera la escuela localizacionista, que generó durante la primera mitad del siglo un marcado enfrentamiento de ideas con los partidarios del no localizacionismo.

Durante el siglo pasado las investigaciones han demostrado que estas diferencias microestructurales, que le permitieron a Brodmann postular diferentes áreas cerebrales, se correlacionan en gran medida con la especialización de la función cortical. Esas áreas hoy se conocen como áreas de Brodmann. Y gracias a los modernos estudios de neuroimágenes y funcionales, se ha podido comprobar la certeza de la gran mayoría de las observaciones y descripciones realizadas por Brodmann.

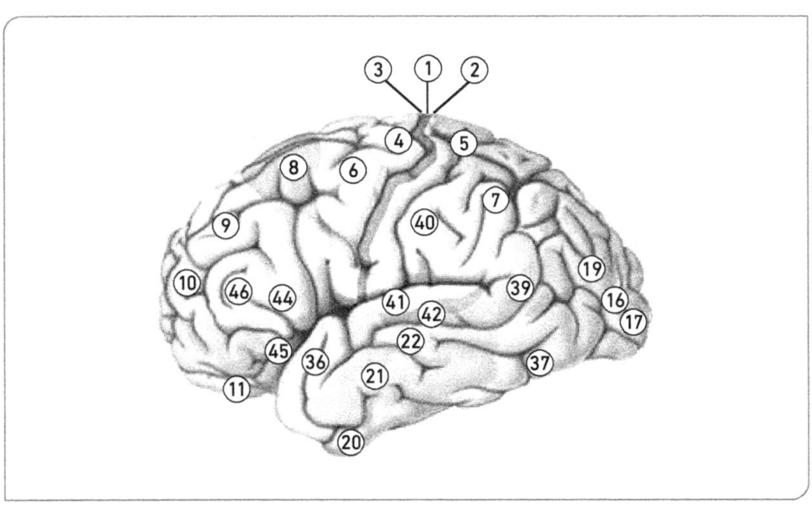

Escapa al objetivo de este libro detallar las características y funciones de cada una de las áreas identificadas por Brodmann. Solo mencionaremos que estas han sido numeradas, y que de esa clasificación podemos destacar las áreas 17, 18 y 19, que se corresponden con la función de percepción y reconocimiento visual; las áreas 41 y 42, que se corresponden con las áreas de percepción y reconocimiento auditivo; y las áreas 39 y 40, que se corresponden con áreas de integración terciaria.

La famosa área de Wernicke que participa en la comprensión del lenguaje incluye las áreas secundarias sensoriales auditivas y las terciarias de asociación. Estas áreas conforman el llamado "planum temporale" normalmente asimétrico por estar más extendido en el hemisferio cerebral izquierdo que en el derecho. Precisamente los niños con dislexias del desarrollo presentan un *planum temporale* izquierdo simétrico respecto de su contralateral derecho o, peor aún, más extendido del lado derecho que del lado izquierdo del cerebro. Por otro lado, la conocida área del lenguaje hablado descripta por Paul Brocca en su paciente Víctor Leborgne, cuyo cerebro aún hoy día se conserva en el Museo Dupuytren de París, se corresponde con las áreas 44 y 45 de Brodmann.

El conocimiento de las características anatómicas y funcionales del sustrato de la cognición nos permitirá interpretar más cabalmente los mecanismos de producción y las manifestaciones clínicas de los trastornos del neurodesarrollo que detallaremos en los próximos capítulos.

La maquinaria cerebral

Intentaremos una aproximación al funcionamiento del sistema nervioso central, especialmente referido a las funciones superiores que se establecen durante el desarrollo del individuo, mencionando los aspectos generales de la estructura biológica en la que radican la inteligencia, la memoria, el afecto y los porqué de la conducta humana. Funciones que se verán afectadas tempranamente en niños con trastornos del neurodesarrollo.

El cerebro humano constituye la herramienta más desarrollada que existe sobre el planeta. Es la que ha definido la conquista y el dominio del ser humano; la que a través de miles de años —apenas instantes en el reloj de la evolución biológica— se ha perfeccionado a sí misma y transformado a la especie humana de *homo erectus* en *homo sapiens*. No existe máquina alguna capaz de imitar su capacidad y plasticidad. Magnífica y perfecta, permite al ser humano trascender a sí mismo y a su tiempo.

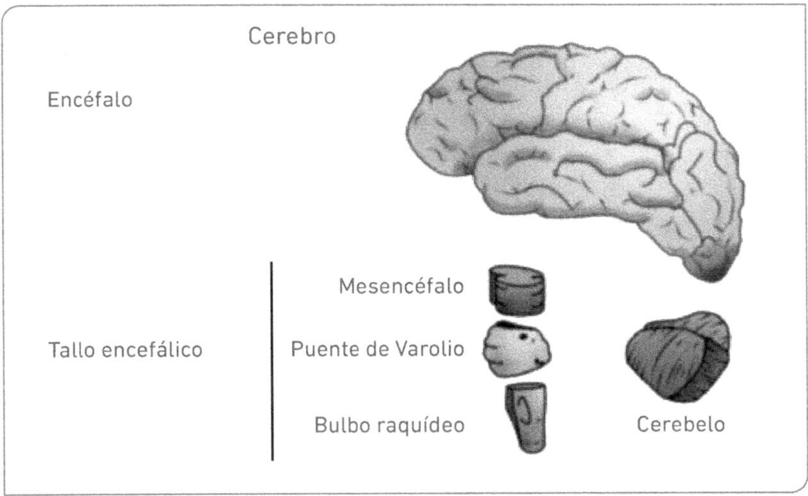

El cerebro humano, como se explicó más arriba, desarrollado a partir del telencéfalo e integrado al resto del encéfalo, ocupa la mayor parte de la cavidad craneana. Recordemos que forman parte del encéfalo, además del cerebro, el cerebelo, la protuberancia o puente de Varolio, el bulbo raquídeo y los pedúnculos cerebrales y cerebelosos. Está formado por dos hemisferios conocidos como hemisferio cerebral derecho y hemisferio cerebral izquierdo. Ambos hemisferios están separados por un surco llamado cisura interhemisférica. En el fondo de esta cisura puede observarse una extensa banda de fibras blanquecinas que corren transversalmente conectando puntos simétricos de ambos hemisferios. Es el cuerpo calloso. Las fibras del cuerpo calloso se "cruzan" con las que van y vienen de la corteza cerebral hacia estructuras subcorticales, y viceversa.

La corteza es una capa de cuerpos neuronales que cubre los hemisferios. Debido a que la superficie de la corteza es mayor que la capacidad continente del cráneo, el cerebro "se arruga" en una serie de crestas y hendiduras llamadas, respectivamente, circunvoluciones y surcos. Unos dos tercios de la corteza están insertos en los surcos.

Un gran surco central que se extiende en sentido superoinferior —de arriba hacia abajo— divide al cerebro en dos sectores: un cerebro anterior, ejecutor, motor, procedural; y un cerebro posterior conocedor, analizador, declarativo. Ese surco central se denomina cisura de Rolando. Perpendicular a la cisura de Rolando, la cisura de Silvio separa al cerebro en dos áreas: una superior y otra inferior.

Esta división es fundamental para el correcto establecimiento de pautas madurativas superiores. Por ejemplo, las funciones ejecutivas y las compilaciones mentales de actos motores aprendidos se ubicarán en las áreas anteriores del cerebro. En ese sector se encuentra también el área motora del lenguaje y el área de la escritura. En el cerebro posterior radican las experiencias propias de las funciones de aprendizaje y sus estructuras sensoriales relacionadas. De esta manera, las áreas visuales y auditivas, así como las áreas de integración de toda la información, se ubican en el cerebro posterior. El reconocimiento del lenguaje escrito —lectura— y hablado se integran en este sector. En suma, el cerebro posterior, por detrás de la cisura de Rolando, nos permite conocer e interpretar el mundo. El cerebro anterior, por delante de la cisura de Rolando, nos permite ejecutar, actuar en el mundo. Y en el ser humano, planificar lo que vamos a actuar.

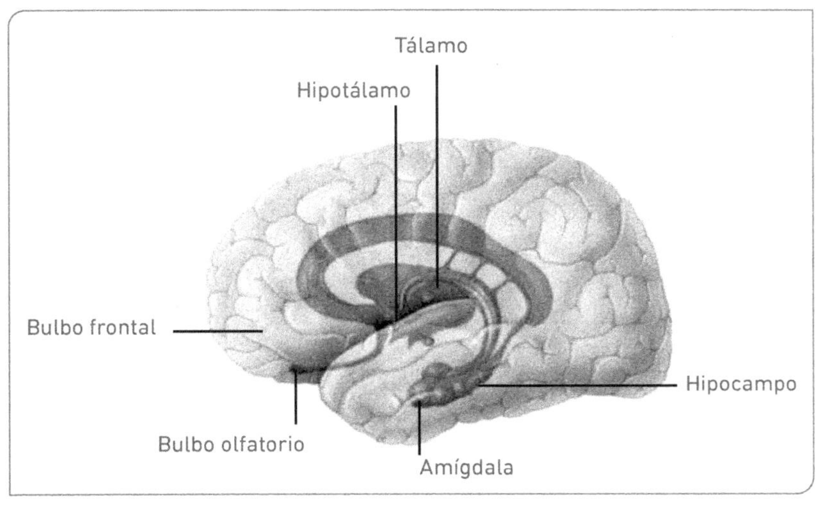

Es el sector prefrontal del lóbulo frontal del cerebro humano el que encierra en su estructura, al decir de Imbriano, "el ¿por qué? y el ¿para qué? de nuestra existencia, integrando todas las actividades a las que perfecciona y adecua a la circunstancia vital, agregando las actividades intelectuales, como las expresiones del pensamiento lógico lingüístico y escrito, y del pensamiento abstracto. Se reconoce en el sub-lóbulo prefrontal la capacidad de planificación de las conductas en el ser humano".[10]

En el interior de cada hemisferio se halla una cavidad que adopta una forma de C invertida y que se conoce como ventrículo lateral. La forma en "C" de la porción principal del ventrículo lateral se halla impresa por la presencia de núcleos de sustancia gris, como los núcleos caudado y tálamo, ubicados en la profundidad de los hemisferios cerebrales. Otra estructura en forma de "C" relacionada con el ventrículo lateral es el hipocampo. Las colas de los núcleos caudado e hipocampo se fusionan en una masa gris globular conocida como núcleo amigdalino.

___

10   Imbriano, A. E. (1993). *Neurobiología cerebral*. Buenos Aires: Leuka.

El tálamo recibe conexiones de diferentes estructuras cerebrales, lo que le permite participar en funciones como la coordinación motora, la visual, la auditiva y las sensaciones corporales. Además, el tálamo recibe fibras provenientes de la formación reticular, una estructura ubicada en el mesencéfalo o tronco encefálico, encargada de regular el ritmo sueño–vigilia.

Esta integración está en la base de la capacidad atencional del ser humano. Precisamente, en las entrevistas iniciales que realizamos a los niños que ingresan a OPPROSE, solemos indagar sobre las características del sueño. Y es casi una constante que, en niños que presentan algún grado de déficit atencional especialmente con hiperactividad, los padres señalen que sus hijos manifiestan alteraciones durante el sueño, como inquietud motora nocturna, sueño entrecortado, pesadillas frecuentes e incluso, aunque con menos frecuencia, episodios de sonambulismo. Sabido es que las alteraciones durante el sueño conllevan también irregularidades en el patrón eléctrico cerebral, por las que el individuo no llega a alcanzar la fase de sueño reparador durante la noche. La consecuencia suele ser el cambio de conducta y las dificultades comportamentales adaptativas que presentan estas personas.

El hipocampo, por su parte, juega un papel fundamental en las funciones de memoria, especialmente en la memoria a largo plazo. La parte ventral de la pared del tercer ventrículo está constituida por la sustancia gris del hipotálamo, regulador de la actividad hormonal de la hipófisis o glándula pituitaria.

De todo lo expuesto se deduce que la corteza cerebral posterior —la que está por detrás de la cisura de Rolando— puede ser talámico dependiente e independiente, coincidiendo con áreas de asociación frontoparietoccipital y temporal superior, y temporal inferior, respectivamente. En otras palabras, el área del cerebro posterior dependiente del tálamo recibe, procesa e interpreta la información ingresada por vía sensorial. Allí encontramos las áreas visuales primarias y secundarias, las áreas auditivas primarias y secundarias, y las áreas terciarias donde se integra toda la información.

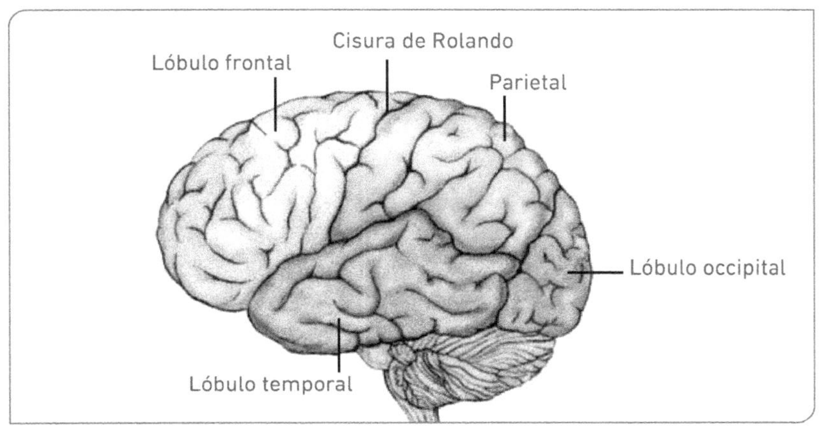

En la corteza temporal talámico independiente —que se corresponde con las segunda y tercera circunvolución temporal— los estímulos se asocian a experiencias "archivadas" en esquemas de memoria, por lo que requieren un paso de interpretación previo a la cognición. El cerebro posterior no dependiente del tálamo actúa como un almacén de memoria. En él se graban las huellas grafémicas y fonémicas —*símbolos y sonidos*— del lenguaje: el llamado baúl de palabras.

Ambos hemisferios cerebrales se integran mediante fibras de asociación que unen puntos simétricos. Cada hemisferio cerebral —*izquierdo y derecho*— se especializa en funciones específicas que finalmente terminan complementándose entre sí.

El hemisferio izquierdo es el hemisferio dominante en la mayoría de las personas, independientemente del dominio motor que esa persona tenga. Dirige la actividad lingüística e intelectual del ser humano y asume el comando práxico —*ejecutor*— del comportamiento. Como se dijo más arriba, el sub-lóbulo prefrontal izquierdo actúa como un programador, responsable final de la respuesta ejecutiva y del contacto con el medio ambiente mediante la comunicación lingüística verbal y lectoescrita.[11]

---

11   Imbriano, A. E. (1993). Ob. cit.

El hemisferio cerebral derecho, en cambio, es el hemisferio subordinado, intuitivo, holístico, y permite ubicarnos en espacio y tiempo. Aporta al izquierdo recuerdos visoauditivos no verbales relacionados con las tonalidades del color y la altura del sonido, siendo su aptitud de comprensión superior a la del hemisferio izquierdo. El hemisferio derecho es el último en mielinizarse, siendo el sector prefrontal la estructura final del S.N.C. en adquirir la maduración mielínica. Este fenómeno está directamente asociado a las posibilidades de velocidad de procesamiento de la información y maduración cognitiva.

Hoy la neurociencia puede establecer los sectores del cerebro involucrados en diferentes funciones. Es posible identificar áreas tanto para las vías de ingreso de la información (*input*), como para las vías generadoras y transmisoras de respuestas (*output*).

El esquema ilustra el mecanismo del input de información partiendo del receptor periférico —por ejemplo, la retina para la vía visual y el oído interno a través del órgano de Corti para la vía auditiva—, pasando por las áreas sensitivas primarias donde se percibe el estímulo, las sensitivas secundarias o monomodales, donde se lo identifica y reconoce, hasta llegar al área terciaria o de integración multimodal, donde confluye la información proveniente de todas las áreas monomodales y se procesa.

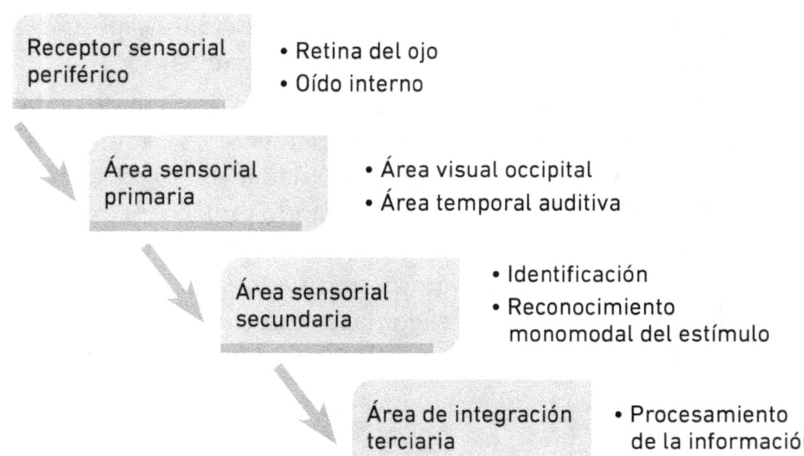

Todos estos mecanismos se realizan en el cerebro posterior, por detrás de la cisura de Rolando, y tienen por función aprehender, conocer, interpretar y procesar la información del "mundo exterior". Es lo que se conoce como procesamiento declarativo.

El área terciaria, luego de procesar e integrar la información proveniente de diferentes modalidades sensoriales —*multimodal*—, transmite el estímulo al cerebro anterior donde las áreas motoras secundarias programarán la respuesta que finalmente será ejecutada a través de las áreas motoras primarias. Se cierra así un ciclo de ingreso —input—, integración y salida —output— de la información. El cerebro ejecutor es el cerebro anterior o pre-rolándico que se corresponde con el lóbulo frontal. Es ese sector del cerebro el que nos permite actuar sobre el mundo.

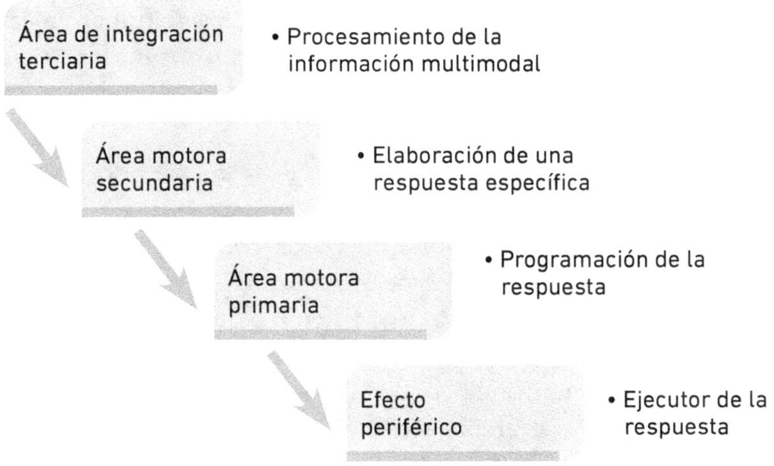

Llegado este punto debemos abocarnos a tratar un tema que resulta fundamental para la interpretación del mecanismo causal de la mayoría de los trastornos del neurodesarrollo infantil, y que desde la concepción neurointegracionista establece un correlato interpretativo con las modernas concepciones que desde la psicología se postulan para explicar estos trastornos. El cabal entendimiento del tema aportará al lector una base teórica fundamental para la valoración de la información que desarrollaremos en capítulos sucesivos.

Neuronas en espejo

En el año 1996, los neurobiólogos italianos Giacomo Rizzolatti, Leonardo Fogassi y Vittorio Gallese, de la Universidad de Parma, trabajaban en la investigación del funcionamiento de las neuronas motoras en la corteza frontal del mono macaco durante la ejecución del movimiento de las manos al asir o apilar objetos. Para ello habían entrenado a unos simios en agarrar objetos concretos, por ejemplo, un palo. Con un microelectrodo implantado en el cerebro en la corteza premotora registraban la actividad eléctrica de ciertas neuronas. En el córtex promotor es sabido que se planifican e inician los movimientos. Pero en determinada ocasión sucedió algo desconcertante...

Rizzolatti recuerda que "cuando Fogassi, parado al lado de una bandeja tomó unas nueces, observamos que algunas de las neuronas del mono reaccionaron, pero: ¿cómo podía suceder esto si el animal no se había movido? Al principio pensamos que era un error en nuestra técnica de medición o quizá un fallo del equipo; luego, comprobamos que todo funcionaba bien y que las reacciones de la neurona ocurrían cada vez que repetíamos el movimiento, mientras el macaco lo observaba". Así fue, como ya ha ocurrido con muchos otros descubrimientos, cómo las neuronas espejo fueron encontradas por casualidad....

El efecto se pudo repetir a voluntad y se comprobó en numerosas neuronas vecinas el mismo comportamiento inesperado: se activaban sin que el mono moviera un solo dedo. Bastaba con que viera que otro realizaba tal acción. Los científicos italianos habían identificado un tipo de neuronas desconocidas hasta ese momento; las denominaron neuronas especulares. Estas neuronas no reaccionan ni al asir sin objetivo, ni a solo el objeto que se ha de agarrar. Solo cuando se ven juntas ambas cosas, la acción y su objetivo, se activan. Sucedía como si las células representaran el propósito ligado al movimiento. Las neuronas espejo son un tipo particular de neuronas que se activan cuando un individuo realiza una acción, pero también cuando este observa una acción similar realizada por otro individuo.

Las neuronas espejo forman parte de un sistema de redes neuronales que posibilita la percepción-ejecución-intención. La simple observación de movimientos de la mano, pie o boca activa las mismas regiones específicas de la corteza motora, como si el observador estuviera realizando esos mismos movimientos.

Pero el proceso va más allá de que el movimiento, al ser observado, genere un movimiento similar latente en el observador. El sistema integra en sus circuitos neuronales la atribución/percepción de las intenciones de los otros, la teoría de la mente (Blakemore y Decety, 2001; Gallese, Keysers y Rizzolatti, 2004; Rizzolatti, 2005; Rizzolatti y Sinigaglia, 2006).[12]

Cuando una persona realiza acciones en contextos significativos, tales acciones van acompañadas de la captación de las propias intenciones que motivan a hacerlas. Se conforman sistemas neuronales que articulan la propia acción asociada a la intención o propósito que la activa. La intención queda vinculada a acciones específicas que le dan expresión, y cada acción evoca las intenciones asociadas. Formadas estas asambleas neuronales de acción-ejecución-intención en un sujeto, cuando ve a otro realizar una acción, se provoca en el cerebro del observador la acción equivalente, evocando a su vez la intención con ella asociada.

La publicación de estos resultados desató un entusiasmo desbordante, no exento de polémica entre los especialistas. Por primera vez se había encontrado una conexión directa entre percep-

---

12 García, E. (2008). "Neuropsicología y educación. De las neuronas espejo a la teoría de la mente". En *Revista de Psicología y Educación*. (Vol. 1, 3, p. 69-90). Departamento de Psicología Básica II. Procesos Cognitivos. Madrid: Universidad Complutense.

ción y acción, que permitía explicar muchos fenómenos como la empatía y la intersubjetividad que, como veremos más adelante, se ven seriamente afectados en niños con trastornos del neurodesarrollo, especialmente del espectro del autismo.

Las neuronas especulares posibilitan al ser humano comprender las intenciones de otras personas. Le permite ponerse en el lugar del otro, leer sus pensamientos, sentimientos y deseos, lo que resulta fundamental en la interacción social, precisamente un campo seriamente afectado en los niños con autismo.

Las neuronas espejo se han localizado en la región F5 del córtex premotor de los primates, área que corresponde al área de Broca en el cerebro humano. Tal descubrimiento plantea hipótesis muy interesantes sobre el origen del lenguaje. Los sistemas de neuronas espejo posibilitan el aprendizaje de gestos por imitación —*sonreír, caminar, hablar, bailar, jugar al fútbol*—, pero también sentir que nos caemos cuando vemos por el suelo a otra persona, la pena que sentimos cuando alguien llora, la alegría compartida.

> **El intercambio complejo de ideas y prácticas que llamamos cultura, los trastornos psicopatológicos como síndromes de ecopraxias y ecolalias, déficit de lenguaje, autismo pueden encontrar en las neuronas espejo claves de explicación.**

En el ser humano se han identificado neuronas espejo en la corteza motora primaria ubicada en el lóbulo frontal, principalmente el área de Broca; el área parietal inferior, especialmente del lado izquierdo, donde se ubica el área terciaria de integración multimodal; la zona superior de la primera circunvolución temporal correspondiente a las áreas sensoriales primaria y secundaria de la audición, el lóbulo de la ínsula, la zona anterior de la corteza del cuerpo calloso. Quizá no solo unas determinadas áreas cerebrales privilegiadas dispongan de neuronas espejo, sino que el mecanismo de neuronas espejo constituya un principio básico de funcionamiento cerebral.

Neuronas espejo y autismo

La imitación contribuye al desarrollo de la comprensión de uno mismo y de los otros constituyendo un acto comunicativo y de intercambio social. La adquisición de conductas imitativas se observa alrededor de los seis meses de edad y alimenta la relación diádica madre-hijo que se establece como pauta social de intersubjetividad primaria.

Los niños que imitan conductas o expresiones activan ciertas áreas de su cerebro que tienen que ver con la empatía. Cuanto más se activan estas áreas y más se entrenan, más empáticos son. Por tanto, hay un vínculo muy estrecho entre la actividad entre estas regiones cerebrales y la tendencia a tener empatía.

En el caso de niños con TEA, la disfuncionalidad de las neuronas espejo, corroborada ya mediante experiencia en electroencefalografía —a las cuales nos referiremos más adelante—, se halla en la base de los trastornos en las relaciones sociales que característicamente presentan estos niños.

La ubicación anatómica de estas neuronas también se corresponde con áreas asociadas a la planificación de los movimientos y al sistema límbico, base de la conducta emocional. Encontraremos, entonces, células espejo en:

~ El lóbulo frontal (planificación y ejecución del movimiento).

~ El lóbulo parietal (integra la información de los sentidos en una imagen corporal).

~ En la corteza insular y en el cíngulo (relacionada con las emociones y el dolor).

CAPÍTULO 4

Ondas cerebrales, conciencia y cognición[13]

Hasta aquí hemos hablado del sustrato anatómico funcional, y de los fenómenos bioquímicos por los que el sistema nervioso genera impulsos eléctricos que permiten la comunicación fluida entre neuronas y, en consecuencia, su funcionalidad.

Intentaré, a continuación, aportar algunas nociones básicas sobre cómo esa "electricidad cerebral" es capaz de regular no solo nuestras funciones motoras, sensitivas y sensoriales sino, además, nuestras aptitudes cognitivas, nuestro comportamiento y nuestras conductas de relación. Lo interesante del tema es que,

---

13 Sciotto, E. A. y Niripil, E. B. (2018). *Ondas cerebrales, conciencia y cognición*. Documento original publicado en Research Gate. Disponible en: https://www.researchgate.net/publication/326056524_ONDAS_CEREBRALES_CONCIENCIA_Y_COGNICION

gracias a la moderna tecnología y al conocimiento profundo de la actividad eléctrica cerebral, hoy estamos en condiciones de mejorar esa "electricidad cerebral" y con ello corregir disfunciones cognitivas, trastornos de comportamiento, y mejorar los síntomas en niños con trastornos del neurodesarrollo.

Ya sabemos que el cerebro es el órgano central del sistema nervioso. En él radican, además de las funciones sensitivas, sensoriales, motoras y neurohumorales, todas las funciones elevadas del ser humano: habla, lectura, escritura, pensamiento, juicio, ideación, comprensión... Todas las funciones cerebrales se basan en la actividad eléctrica que generan las neuronas. Como explicamos, complejos procesos bioquímicos permiten el pasaje de la actividad eléctrica de una neurona hacia otra. Este fenómeno adopta el nombre de sinapsis. Esta actividad eléctrica es constante y variará, según las circunstancias, los momentos del día y los estados del individuo.

La actividad eléctrica cerebral puede ser captada mediante un electroencefalógrafo, un equipo que la registra y representa a través de ondas que tienen diferentes propiedades.

Hasta hace poco más de una década, los equipos analógicos de electroencefalografía registraban, mediante agujas inscriptoras, la actividad cerebral en largas tiras de papel. Esos equipos permitían solo montajes fijos y un número reducido de canales de registro, y brindaban un solo dato por cada canal. Hoy, los equipos digitales de electroencefalografía permiten hacer registros más completos, con gran número de canales, que variará según el sistema internacional de distribución de electrodos adoptado; y nos aportan al menos siete datos numéricos de frecuencias por cada canal de registro. En nuestro país, el sistema de distribución de electrodos utilizado es conocido como sistema 10-20, y permite el registro a través de veinte canales, aportando 140 datos en tiempo real del funcionamiento eléctrico cerebral. En otros lugares del mundo se utiliza el sistema 10-10 con el que es posible obtener hasta 64 canales de registro electroencefalográfico.

Ondas cerebrales

Las ondas cerebrales son la representación gráfica del flujo eléctrico cerebral captado por el electroencefalógrafo. A partir de la lectura de un electroencefalograma, es posible identificar dos propiedades básicas de tales ondas. Las propiedades básicas de las ondas cerebrales son *frecuencia* y *potencia*. Se llama frecuencia al número de ondas que se registran en un segundo. La frecuencia se mide en ciclos por segundos o Hertzs (Hz). La potencia se refiere a la altura que adquiere cada onda en el registro. La potencia se mide en microvoltios. Un simple ejemplo aclarará el concepto.

Imagínese las luces de giro o de posición de los automóviles. Las luces podrán encenderse y apagarse una determinada cantidad de veces por la unidad de tiempo (por ejemplo, un minuto). Ese es el concepto de frecuencia. Habrá automóviles que encenderán y apagarán las luces más veces que otros en un minuto. Los que lo hacen más veces tendrán más frecuencia de encendido. La frecuencia de las neuronas se mide en segundos y se refiere a la cantidad de veces por segundo que se activan y transmiten información a la siguiente. Al mismo tiempo, nuestras luces de posición o de giro podrán iluminar más o menos. En otras palabras, tendrán una mayor o menor potencia. Esa potencia se pondera en función de la altura de la onda que registra el electroencefalógrafo. A nivel cerebral la potencia se refleja como la suma de una mayor o menor cantidad de neuronas activadas en un determinado momento.

En función de la frecuencia —cantidad de veces que se dispara en un segundo—, la actividad eléctrica cerebral puede clasificarse en cinco tipos de ondas eléctricas básicas según el siguiente detalle:

~ *Ondas Delta*

~ *Ondas Theta*

~ *Ondas Alfa:* las que en la electroencefalografía computarizada se pueden clasificar en alfa1 y alfa2.

~ *Ondas Beta:* las que en la electroencefalografía computarizada podrán clasificarse en beta1, beta2, beta3 (algunos autores la extienden a beta4 y beta5).

~ *Ondas Gamma*

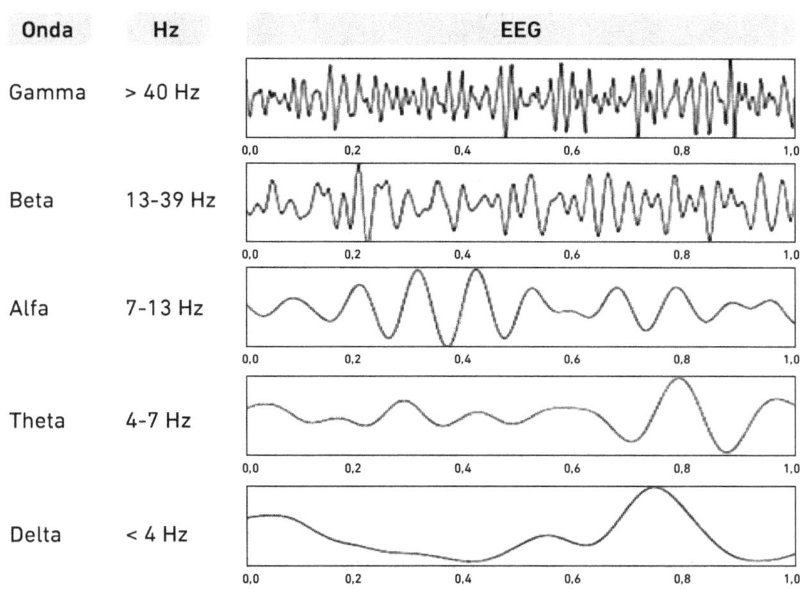

Ondas Delta

Son ondas lentas de una frecuencia de entre 0,5 y 4 ciclos (*descargas*) por segundo (cps o Hertzs). Están presentes durante el estado de sueño profundo y son las que dominan en el cerebro de los niños pequeños. Las ondas Delta con una amplitud alta y rítmica son encontradas comúnmente en personas adultas con desórdenes mentales o lesiones cerebrales.

Pueden observarse ondas Delta en el EEG de los niños con condiciones de déficit de atención y desórdenes de hiperactividad (TDAH), y en general en los registros de niños con otros trastornos del neurodesarrollo.

Cuando predominan las ondas Delta, tenemos pérdida de reconocimiento del cuerpo físico. Existe un patrón de ondas Delta presentes habitualmente en baja proporción en el cerebro normal de adolescentes. Son llamadas "ondas Delta de la juventud".

Ondas Theta

Con una frecuencia de 4 Hz a 7 Hz, se producen durante los estados de meditación profunda, entrenamiento autógeno, yoga, así como durante el esfuerzo intelectual asociado al aprendizaje académico. Las características de este estado son: memoria plástica, mayor capacidad de aprendizaje, fantasía, imaginación e inspiración creativa.

Sin embargo, la presencia exagerada de ondas Theta en niños, más allá de la edad esperable, o la asimetría en la distribución de la frecuencia Theta, es indicador de lento procesamiento de la información declarativa. Este predominio Theta es característico de niños con menor plasticidad cerebral y cierto retraso en su maduración bioeléctrica.

También cuando el cerebro produce cantidades excesivas de ondas Theta, la persona tiene pensamientos incompletos o borrosos (particularmente en las personas distraídas), la toma de decisiones es afectada (hace una tarea y no la termina, por ejemplo), la persona puede tornarse impulsiva porque baja el tiempo de respuesta y reacción. Los niños generalmente tienen mucha más actividad de ondas Theta en comparación con los adultos. Estas ondas permiten recuperar nuestra memoria a largo plazo, emociones reprimidas y mejorar nuestra estado espiritual.

Característicamente, a las ondas Theta se las utiliza para calcular ciertos cocientes entre frecuencias conocidos como parámetros neurométricos. Los más usados son el cociente Theta/Alfa y el cociente Theta/Beta. Hace pocos años la FDA (Food and Drugs Administration) de Estados Unidos estandarizó el mecanismo de cálculo de estos parámetros, con el objeto de unificar criterios para su correcta valoración. Esta medida, incorporada dentro de un protocolo más amplio conocido como protocolo NEBA, permite ordenar los procedimientos diagnósticos en niños con trastornos por hiperactividad y déficit de atención, entre otros cuadros.

Ondas Alfa

Tienen una frecuencia de 7 Hz a 12 Hz y están asociadas con estados de relajación. Se registran momentos antes de dormirse, cuando la persona está somnolienta. Sus efectos característicos son: relajación agradable, pensamientos tranquilos y despreocupados, optimismo y un sentimiento de integración de cuerpo y mente.

La desincronización alfa es un fenómeno normal que se observa cuando un individuo abre sus ojos y se encuentra con una imagen o un texto que llaman su atención.

La ausencia de la desincronización alfa es característica en niños que presentan dificultades de comprensión o de aprendizaje de la lectoescritura. Cuando se registra la actividad eléctrica durante la lectura de un texto, habitualmente se produce una desincronización del registro en las áreas temporales izquierdas. En niños con trastornos de la lectoescritura, como en dislexias del desarrollo, esta desincronización no está presente o lo está del lado derecho.

Cada vez que uno se relaja o cierra sus ojos, la actividad de ondas Alfa aumenta considerablemente. Los patrones normales de ondas Alfa se encuentran usualmente en personas que tienen balanceados sus hemisferios cerebrales izquierdo y derecho. Las ondas Alfa se encuentran normalmente en la parte trasera del cerebro. Precisamente la progresión alfa occipitofrontal —de atrás hacia adelante— es tomada como indicador de madurez bioeléctrica. Normalmente el ritmo dominante posterior suele establecerse en frecuencia alfa.

Un alfa especial, el ritmo mu

El ritmo mu, también llamado alfa precentral, es un tipo de onda cerebral cuya frecuencia —entre 8 y 13 Hertzs— se ubica dentro del espectro de frecuencia de las ondas Alfa. Sin embargo, tiene particularidades diferenciales con respecto a la ubicación en la que aparecen, su duración y su interpretación funcional. Como ya hemos mencionado, la expresión de frecuencias en la banda Mu se corresponde con la funcionalidad bioeléctrica de las neuronas espejo.

El estudio del ritmo mu es de interés para diversas áreas del conocimiento. Los científicos que estudian el desarrollo neural se interesan en los detalles del desarrollo del ritmo mu, la infancia y niñez y su rol en el aprendizaje. Por otro lado, un grupo de investigadores cree que los trastornos del espectro autista están fuertemente influenciados por una alteración en el sistema de neuronas especulares y que la no supresión del ritmo mu es una indicación de la reducción de la actividad de la neurona especular.

Una persona suprime los patrones de este ritmo cuando realiza, observa o tiene la intención de realizar una acción motora. No obstante, no se suprime con el hecho de abrir los ojos. Esta supresión es llamada desincronización de la onda debido a que las formas de onda del EEG son producidas por un gran número de neuronas actuando en sincronía. Es por ello que algunos investigadores han sugerido una relación entre el sistema de neuronas especulares y la supresión del ritmo mu.[14]

---

14 Palau-Baduell, M., Valls-Santasusana, A. y Salvadó-Salvadó, B. (2011). "Trastornos del espectro autista y ritmo mu. Una nueva perspectiva neurofisiológica". En *Revista de Neurología*. (52 (Supl 1): S141-6). https://doi.org/10.33588/rn.52S01.2010796

Ondas Beta

Originan un campo electromagnético con una frecuencia comprendida entre 13 y 40 Hz. Se registran cuando la persona se encuentra despierta y en plena actividad mental. Los sentidos se hallan volcados hacia el exterior, de manera que la atención focalizada y el contacto con la realidad son propios de este ritmo.

> **Las ondas Beta suelen hallarse en las *áreas* frontales. Característicamente los niños con déficit de atención presentan una relación entre ondas lentas y rápidas a favor de las primeras, por la ausencia de ondas Beta frontales. Los programas de neurosincronización con finalidad educativa que se editan en OPPROSE se construyen sobre frecuencias iniciales que se determinan para cada paciente, conforme el análisis cuantitativo de sus patrones electroencefalográficos y que progresan a beta.**

Según su frecuencia, las ondas Beta se clasifican en distintos tipos:

Ondas Beta Inferiores (Low Beta) o Beta 1

Son consideradas como las ondas de alta actividad cerebral. Su frecuencia oscila entre 12 y 16 Hz. Cada vez que uno se enfoca, analiza, hace cálculos o piensa en su ambiente externo, las ondas Beta trabajan. En un adulto se encuentran cantidades significativas de ondas Beta en comparación con los niños. Sin embargo, demasiadas ondas Beta en el hemisferio derecho se relacionan con estados de ansiedad, tensión y preocupaciones. Las ondas Beta que se encuentran en el hemisferio izquierdo del cerebro se consideran saludables.

Las ondas Beta superiores se asocian a miedos, ansiedad, pensamientos excesivos, pensamientos rápidos, trastorno obsesivo-compulsivo (TOC), adicciones y estados de desempeño extremo a nivel mental.

Ondas Gamma

Son ondas cerebrales de alta frecuencia (40 Hz o más) y baja potencia, y están presentes de manera constante, aun durante el sueño, como un ritmo de fondo.

Se asocian a las ondas generadas al momento de resolver problemas, sean estos lógicos o matemáticos, tanto en niños como en adultos. Se dice que pueden ayudar al aprendizaje y a la claridad mental. Se pueden encontrar ritmos gamma en cualquier parte del cerebro. Su presencia favorece el procesamiento de la información declarativa.

Los individuos con desórdenes de aprendizaje y deficiencias de memoria, tanto a corto como a largo plazo, pueden tener necesidad de mayor cantidad de ondas Gamma en su cerebro. Hemos observado incremento de la potencia gamma en niños con antecedentes de dificultades en el aprendizaje de la lectoescritura, como en disléxicos severos.

En síntesis, las técnicas que profundizan en la funcionalidad eléctrica del sistema nervioso central, como la electroencefalografía computada, la electroencefalografía cuantitativa, el mapeo cerebral tanto estático como dinámico, los potenciales relacionados con eventos o potenciales evocados, especialmente auditivos, visuales y cognitivos, entre otros, constituyen hoy modernas herramientas diagnósticas aplicables a la determinación de los mecanismos generadores de dificultades especialmente en niños con trastornos del neurodesarrollo.

Ya han sido descriptos patrones bioeléctricos característicos o, al menos, altamente frecuentes, en niños con estos trastornos, por lo que ignorar los aportes que pudieren brindarnos estos recursos diagnósticos constituye cuanto menos un acto de impericia profesional.

Desde nuestra experiencia en OPPROSE, y sin pretensión de agotar el tema, podemos enumerar una serie de modificaciones en el funcionamiento eléctrico cerebral de estos niños. A saber:

~ *Disminución difusa de la potencia, lo que se conoce como registro hipovoltado.*

~ *Predominio de ondas lentas (Delta y Theta) en áreas frontales más allá de los 8/9 años.*

~ *Ausencia de ondas rápidas (Beta 1) en áreas frontales.*

~ *Ratio Theta/Alfa y Theta/Beta elevados, denotando un incremento proporcional de ondas Theta.*

~ *Asimetría Theta en ambos hemisferios cerebrales.*

~ *Falta de supresión de onda mu a la observación, intencionalidad de..., o ejecución de un movimiento.*

~ *Desorganización difusa del registro electroencefalográfico.*

~ *Falta de desorganización del registro en áreas frontotemporales del hemisferio izquierdo durante la lectura.*

~ *Presencia de grafo-elementos paroxísticos subclínicos de base.*

Existen muchos otros parámetros que solemos hallar alterados en los electroencefalogramas de estos niños, como la asimetría de la coherencia interhemisférica o la disminución del **índice** de reactividad alfa, que por su complejidad de interpretación creemos que excede la finalidad de este libro.

Introducción a las neuroterapias aplicadas[15]

Desde su origen, la Neurociencia se ha caracterizado por un enfoque integrador de todas las ciencias dedicadas al estudio del sistema nervioso. Esta interdisciplinariedad se puso de manifiesto en los años sesenta y principios de los setenta a través de la Fundación Brain Research Organization (IBRO), la implantación del programa docente de esta disciplina (Neuroscience Research Program) en el Massachusetts Institute of Technology en Cambridge (Massachusetts, Estados Unidos) o la creación de la Society for Neuroscience, también en los Estados Unidos.

Pero mucho antes, en 1885, Hermann Ebbinghaus, mentor de la Psicología biológica, logró medir el aprendizaje y la memoria en humanos; mientras que Thorndike, en 1898, midió el aprendizaje y la memoria en animales. En 1909, Korbinian Brodmann desarrolló el mapa cerebral con 52 sectores, dando origen a la escuela localizacionista, de la que fue su mayor exponente. Su terminología se emplea aún hoy en neurología y neurociencias.

El psicólogo americano Shepherd I. Franz (1874-1933) buscó el lugar del aprendizaje y la memoria en el cerebro, mientras que Karl S. Lashley (1890-1958) se refirió a esto como la "búsqueda del engrama". Donald O. Hebb (1904-1985), psicólogo canadiense, fue el primero en hablar de plasticidad sináptica del sistema nervioso y redes neuronales. Es el primero que hace la interpretación de que cuando un sujeto aprende se están produciendo cambios en el cerebro al nivel de sinapsis. Es decir que la comunicación entre dos neuronas no queda determinada de una vez para siempre, sino que es modificable a través de la experiencia. Palade, en 1955, realizó las primeras observaciones ultraestructu-

---

15   Sciotto, E. y Niripil, E. (2018). *El paradigma neuroterapéutico en educación. Las neurociencias y la neurotecnología como herramientas para la atención de niños con necesidades educativas especiales.* Documento en http://www.opprose.org/. Disponible en portal Research Gate: https://www.researchgate.net/publication/326056378_El_paradigma_neuroterapeutico_en_educacion

rales de las sinapsis, y así obtuvo evidencia del rol de estas para el funcionamiento del sistema nervioso; evidencia sobre la cual se basan hoy la neurofisiología y la neurofarmacología.

Si bien Galvani descubre la "electricidad" animal, fue Caton, en 1875, el primero en registrar la actividad eléctrica espontánea del cerebro. Sobre la base de los trabajos de Mathews, Hans Berger, el padre de la electroencefalografía moderna, obtiene el primer registro electroencefalográfico.

Como se ve, si bien las neurociencias han adquirido actualmente gran desarrollo, basado en los modernos recursos tecnológicos disponibles, las investigaciones en este sentido datan de más de un siglo atrás. Los actuales estudios de imágenes cerebrales obtenidos a través de tomografías computadas (TAC), resonancia magnética funcional (RMF), tomografía por emisión de positrones (PET), tomografía por emisión de fotón **único** (SPECT) y magnetoencefalografía han permitido obtener imágenes dinámicas del cerebro desarrollando tareas sensoriales o motoras, o paradigmas cognitivos, emocionales y de motivación. Estos estudios permiten obtener imágenes con una alta definición espacial.

Como se hizo referencia más arriba, los modernos equipos de electroencefalografía computarizada permiten obtener estudios más complejos como la electroencefalografía cuantitativa y los mapeos cerebrales; así como los equipos de potenciales evocados, o potenciales relacionados a eventos, permiten obtener datos funcionales del sistema nervioso con una alta definición temporal.

Este asalto de la ciencia hacia el profundo conocimiento del cerebro, de la organización del pensamiento y las funciones mentales superiores hace posible hoy la aplicación de técnicas de activación y desactivación de centros cerebrales, que nos permiten manipular y corregir aspectos de la conducta humana como la atención, la memoria y el aprendizaje.

En OPPROSE estamos a la vanguardia de la aplicación de estas técnicas en la República Argentina; y hemos acumulado una vasta experiencia y documentación probatoria de este tema trabajando sobre escolares argentinos.

Neuroterapias... ¿Qué...?

Se entiende por neuroterapias los procedimientos que, basados en diferentes tipos de activaciones cerebrales, tienen por objetivo la modificación de patrones eléctricos en el sistema nerviosos central.

Planteado de esta manera, la ejecución de estos procedimientos implica un compromiso **ético**-profesional. No es posible aplicar técnicas de neuroterapias sin conocer el estado general de salud del paciente, sin previamente haber investigado la funcionalidad bioeléctrica del cerebro, sin haber descartado la existencia de cuadros neurológicos subclínicos, sin haber establecido un programa terapéutico acotado en tiempo y modalidad, y finalmente sin realizar periódicas revaluaciones bioeléctricas.

En esencia, estas técnicas consisten en estimular el cerebro mediante recursos sensoriales como sonidos, sucesión de imágenes policromáticas, modificaciones sensoriales en el ambiente de trabajo y optoestimulación controlada, con el objeto de modificar el funcionamiento cerebral. Esta estimulación genera cambios no solo eléctricos, sino también estructurales basados en la capacidad neuroplástica del sistema nervioso. Precisamente la plasticidad de las estructuradas nerviosas es la base teórica que respalda la intervención precoz con programas de atención temprana en niños con patologías neurológicas.

Y esa neuroplasticidad se estimula mediante las diversas experiencias sensoriales que recibe el cerebro del individuo. La creación de nuevas sinapsis por expresión de dendritas es el procedimiento que la naturaleza provee para recuperar una función perdida o deteriorada o mejorar la eficiencia de una función conservada. Las neuroterapias actúan esencialmente a través de este mecanismo.

Diversas investigaciones permitieron concluir que la razón primordial del cambio de las aptitudes cognoscitivas y conductuales de los pacientes bajo tratamiento neuroterapéutico era la mayor actividad química del entorno celular, generada por la actividad eléctrica incrementada que provenía a su vez de un mayor número de estímulos sensoriales.

FFR, la explicación del porqué...

Una de las personas más destacadas en el sector de sonidos con eficiencia neurológica fue Robert Monroe, quien ideó el método HemySinc (sincronización de los hemisferios cerebrales mediante sonidos), y logró **así** influir sobre el cerebro de las personas con estímulos sonoros de frecuencia inferior al umbral auditivo. Sus investigaciones comenzaron en 1950, y lo llevaron al descubrimiento de patrones de sonido específicos que pueden generar efectos beneficiosos en la capacidad de la mente humana. Por ejemplo, ciertas combinaciones de frecuencias de sonido aumentan el estado de alerta; otras provocan sueño; otras mejoran la capacidad de memoria y otras evocan estados no comunes de consciencia expandida.

Inicialmente Monroe trabajó con sonidos binaurales y logró generar un estímulo eléctrico basado en el fenómeno de BBF (Binaural Beat Frecuency), gracias a determinadas características celulares presentes en núcleos de la vía auditiva coclear, lo que permite generar un "arrastre" progresivo de las frecuencias cerebrales en el sentido de la aplicación del estímulo. Este efecto de "arrastre" de frecuencias no es para nada novedoso y ya está escrito en los clásicos libros médicos de electroencefalografía. Se lo conoce como FFR, siglas inglesas de "respuesta de seguimiento a la frecuencia", y puede ser observado en cualquier registro electroencefalográfico si durante este se aplican los estímulos correspondientes.

Cuando la actividad eléctrica del cerebro "se acopla" a las frecuencias inducidas de los sonidos, se alcanzan los estados mentales propios de las diferentes ondas cerebrales. Conforme las frecuencias inducidas, se podría alcanzar estados como somnolencia, relajación, atención sostenida, potenciación de la memoria, concentración, euforia, sueño profundo, etc. Otras investigaciones permitieron comprobar que flashes de luz rítmicos destellando ante los ojos con párpados cerrados y a ciertas frecuencias (menores de 24 Hertzs) modificaban la actividad bioeléctrica cerebral.

Todas estas evidencias han sido aplicadas al desarrollo de equipos capaces de inducir respuestas cerebrales y que genéricamente se los conoce como entrenadores mentales electrónicos. Tanto los procedimientos como los equipos se hallan homologados por la FDA (Food and Drugs Administration) de los Estados Unidos, el equivalente a nuestro ANMAT (Administración Nacional de Medicamentos, Alimentos y Tecnología Médica), como aparatos de aprendizaje y relajación que cumplen con las normas de seguridad legalmente establecidas. En estos equipos se suelen utilizar sensores denominados de biofeedback, que ajustan automáticamente la actividad del equipo a la respuesta del paciente.

Si bien los principios de la técnica HemiSync de Monroe permitieron desde hace décadas la generación de estímulos sonoros cuyo objetivo era la modificación de patrones eléctricos cerebrales, recién hace pocos años el desarrollo neurotecnológico permitió generar estos estímulos de forma personalizada a partir del electroencefalograma cuantitativo del paciente. Algunos programas de computadora, que adoptan la denominación general de "generadores de ondas cerebrales" y requieren para su utilización un conocimiento acabado de la funcionalidad bioeléctrica del cerebro y de los principios de la física del sonido, permiten editar audios con o sin composición visocromática asociada, que generan efectos de arrastre programado de las frecuencias cerebrales y logran modificaciones cognitivas y conductuales en los pacientes.

En OPPROSE estamos aplicando esta técnica con **éxito** desde hace casi dos años. Por lo general utilizamos este recurso como soporte ambulatorio a las sesiones de neuroterapias. Los resultados más evidentes los hemos observado en la reducción de la hiperactividad en niños con diagnóstico de TDAH y en la potenciación de las capacidades de atención.

Neurofeedback o Biofeedback Electroencefalográfico

El Neurofeedback es una técnica de estimulación y control, en la cual se entrena al cerebro para ayudarlo a mejorar su propio funcionamiento. Esta técnica implica una participación más activa del paciente que en la técnica HemiSync. Aquí es el paciente quien mediante entrenamiento adecuado aprende a manejar sus aptitudes cognitivas en función de los objetivos perseguidos.

El tratamiento mediante Neurofeedback utiliza una tecnología multimedia, asistida por una computadora. Quien utiliza este tratamiento realiza entre dos y cinco sesiones semanales, hasta completar un total mínimo de entre 20 y 40 sesiones. A través del Neurofeedback se autorregula la actividad neurofisiológica, aumentando la producción y amplitud de sus ondas cerebrales y posibilitando la coherencia interhemisférica.

tDCS

Otro moderno recurso para potenciar la actividad eléctrica del cerebro es la estimulación transcraneal por corriente directa o tDCS. Este procedimiento permite mejorar la funcionalidad eléctrica a través de la aplicación de una corriente continua de 9 voltios y 0,5 a 2.0 miliamperios durante 10 a 20 minutos por sesión. Conforme el objetivo a lograr en el tratamiento, los electrodos se ubican en diferentes puntos del cráneo y del tórax siguiendo para ello montajes predeterminados.

En conclusión, hoy el desarrollo tecnológico y el avance sostenido del conocimiento neurocientífico nos abre panoramas impensados que permiten la recuperación de situaciones que otrora solo tenían un tratamiento paliativo basado en psicoterapia clásica y psiconeurofarmacología. Estos recursos, ahora disponibles en Argentina, no solo llevan a la modificación del patrón eléctrico cerebral alterado de niños con déficit de atención, TGD/autismo, dislexias, epilepsias, TRPD (trastorno por ralentización del procesamiento declarativo), estados depresivos, estrés infantil, hiperactividad, sino que además evitan la utilización de drogas y, en consecuencia, los posibles efectos adversos de estas.

En OPPROSE estamos implementando, desde inicios de 2020, un programa de estimulación transcraneal con el objetivo de corregir parámetros bioeléctricos no normotípicos para la edad del paciente, parámetros que condicionan su conducta y sus potencialidades cognitivas. Dicho programa se desarrolla en los pasos que se detallan a continuación:

1. Entrevista de admisión o entrevista inicial con los padres del niño, donde a través de un protocolo de alrededor de 200 preguntas profundizamos en los siguientes aspectos:
   ~ Antecedentes obstétricos.
   ~ Antecedentes perinatológicos y referidos al primer año de vida.
   ~ Pautas de crecimiento y desarrollo del niño.
   ~ Adquisición de pautas madurativas lingüísticas, motoras y sociales del niño.
   ~ Antecedentes personales de salud/ enfermedad y rendimiento escolar.
   ~ Antecedentes familiares.

2. Realización de pruebas diagnósticas de protocolo general, en la medida en que sea posible. En casos de niños con TEA, el diagnóstico se basa en la observación clínica y la administración a los padres de escalas o cuestionarios específicos.

3. Realización de un electroencefalograma digital de activación compleja y con activaciones neuropsicológicas.

4. Conversión del registro digital en electroencefalografía cuantitativa (qEEG). Esto permite la determinación de parámetros neurométricos fundamentales como los ratios Theta/Alfa, Theta/Beta y los **índices** de coherencia interhemisférica, entre otros.

5. Obtención de placas de mapeo eléctrico cerebral estático y dinámico.

6. Determinación de montaje, según las características del paciente, para la aplicación de procedimientos de estimulación transcraneal por corriente directa (tDCS).

7. Etapa de prueba de sesiones de estimulación transcraneal por corriente directa (tDCS) con monitoreo electroencefalográfico, de manera pasiva o bajo una tarea cognitiva.

8. Si en la etapa de prueba se observan resultados positivos y no surgen contraindicaciones, se mantiene la periodicidad semanal de la aplicación de la tDCS.

9. Se realizan registros electroencefalográficos comparativos para evaluar la progresión del tratamiento.

Programa MeRT

Se trata de un programa que utiliza estimulación magnética transcraneal para corregir los patrones bioeléctricos del niño. De manera similar a lo que realizamos en OPPROSE, en este programa se realiza, en primer lugar, un electroencefalograma cuantitativo (qEEG) de 10 minutos con los ojos cerrados y un electrocardiograma; pruebas que miden las frecuencias de las ondas cerebrales, la frecuencia cardíaca y la relación cerebro-corazón. Se analizan los resultados y se determinan diferentes parámetros bioeléctricos.

Se analiza el EEG y se desarrolla un plan de tratamiento personalizado.

El siguiente paso consiste en el tratamiento propiamente dicho. Se le coloca al paciente una bobina magnética. Esta bobina entregará el protocolo de tratamiento individualizado a la región objetivo del cerebro. Se aplica una estimulación durante 6-8 segundos por minuto. Una sesión típica es de 45 minutos, 30 minutos de los cuales implican estimulación.

Luego se evalúa el progreso mediante registros secuenciales de q-EEG y EKG cada 10 sesiones para monitoreo del progreso del paciente o la implementación de modificaciones necesarias en su protocolo de tratamiento.

Contraindicaciones de los programas de estimulación cortical

Antes de pretender implementar las técnicas y programas mencionados, debemos asegurarnos de que el paciente no presenta situaciones que lo contraindiquen puntualmente. Podemos hablar de contraindicaciones absolutas y relativas.

Entre las contraindicaciones absolutas que puede presentar el paciente para el tratamiento mediante estimulación cortical podemos mencionar:

~ *Marcapasos.*

~ *Shunts intracraneales magnéticos.*

~ *Presencia de stents.*

~ *Fragmentos de metal craneal.*

~ *Implante coclear.*

~ *Pinzas de aneurisma.*

~ *Tuberías de desviación de flujo.*

~ *Mujeres embarazadas o en período de lactancia.*

~ *Tumores cerebrales primarios o metastásicos.*

~ *Implantes dentales magnéticos.*

~ *Implantes oculares.*

~ *Desfibriladores cardiovasculares.*

Las contraindicaciones relativas de estos procedimientos, es decir, aquellas circunstancias que si bien no descalifican al paciente obligan a la aplicación de protocolos con controles más estrictos, son las siguientes:

~ Antecedentes de convulsiones o trastornos convulsivos.

~ Equipos de audición asistida.

~ Implantes corticales ferrosos.

~ Tatuaje de tinta magnética.

~ Trastorno Bipolar Tipo I / II.

Este programa se viene implementando con éxito en países como Estados Unidos, México y Panamá.

CAPÍTULO 5

Trastornos del neurodesarrollo. Concepciones actuales

Al principio de este libro hemos señalado las diferencias entre los conceptos de crecimiento y desarrollo. Luego nos adentramos en los mecanismos del neurodesarrollo refiriéndonos, en primer término, a la ontogénesis del sistema nervioso y, en segundo término, a las causas que determinan sus trastornos. En este capítulo intentaremos delimitar, a la luz de las actuales concepciones, qué entendemos por trastornos del neurodesarrollo y qué cuadros involucra esa denominación.

Definición

Un trastorno del desarrollo infantil es aquel en el que el niño es incapaz de adquirir pautas madurativas, las adquiere parcialmente o en una cronología que no es la esperable, conforme la media poblacional y los diferentes desvíos estándar en que se incluye la mayoría de la población para la edad, sexo, raza y cultura que se evalúa.

Esta imposibilidad total, parcial o lentificación de conquistas termina estableciendo una brecha entre su crecimiento físico y sus logros biológicos, comportamentales, cognitivos, sociales. Esa brecha se hará visible no solo por la falta de pautas madurativas, sino también por la valoración social que tales pautas adquieren.

Los trastornos del neurodesarrollo tienen su origen en un desarrollo no neurotípico —*atípico*— del sistema nervioso central con alteraciones en su ritmo madurativo. Tienen pues su origen en la primera infancia o durante el proceso de desarrollo intrauterino, y por lo general es posible detectar los primeros síntomas de manera temprana.

Intentos clasificatorios

Desde hace más de un siglo se ha planteado la necesidad de establecer clasificaciones que permitan unificar criterios diagnósticos, asociados a consensos de causalidad. Precisamente una de las labores principales y también más difícil y controvertida de la actividad científica es la clasificación o categorización de trastornos. Acción que conocemos como Nosotaxia.

Clasificar permite a los científicos tener un lenguaje común entre profesionales, ahorrar tiempo diagnóstico y con ello favorecer las posibilidades de recuperación, elaborar protocolos de actuación clínica, facilitar la investigación para conocer la historia natural de un trastorno determinado y comprender las causas y el mecanismo de producción de este.

Si clasificar es en sí misma una labor técnico-científica ardua, mucho más lo es cuando el objeto a clasificar son trastornos que, si bien hoy son conocidas sus causas y mecanismos de producción gracias a los avances de las neurociencias, en otros tiempos caían dentro del amplio campo de la psicología, tal vez por ser en apariencia de ese **ámbito** sus principales manifestaciones.

Al respecto, Hans Jürgen Eysenck, psicólogo inglés de origen alemán, quien en 1952 publicó un artículo en el cual refería que la ausencia de tratamiento era igual o aún mejor que la psicoterapia psicoanalítica —con lo que propulsó la investigación a nivel científico de los modelos psicoterapéuticos comportamentales y cognitivos—, afirmaba que uno de los problemas más graves de la psicología era que había pasado demasiado rápido por el período de la clasificación y que los psicólogos se habían puesto a investigar sin que todos estuvieran previamente de acuerdo en una serie de categorías.

El iniciador de los intentos clasificatorios de los trastornos mentales fue Kraepelin, quien en su manual de psiquiatría consigue, en 1899, elaborar un sistema para construir grupos de pacientes con sintomatología homogénea que constituían un síndrome. Recién 50 años después se publica la primera edición del Manual diagnóstico de los trastornos mentales, que se conoció como el DSM I. Promediando la década de 1960 se actualiza el DSM a la versión II, versión que supuso la novedad de aplicar el modelo médico a los síndromes mentales, lo que generó muchas discusiones en torno a ciertas terminologías. Estas diferencias de concepciones en el **ámbito** de la psicología llevaron a su rápida revisión. Así, en 1980 sale a la luz la versión III del DSM. En esta versión se establecen criterios diagnósticos de base empírica, donde el modelo psicoanalítico teórico interpretativo de la enfermedad es reemplazado por el modelo descriptivo basado en evidencia.

Pero fue recién en el DSM IV donde la American Psychiatric Association publica un documento basado en investigaciones, para lo cual los grupos de trabajo se reunieron para realizar un proceso de tres etapas que implicaba más pruebas de confiabilidad y validez de diagnósticos. Este proceso incluyó revisiones profundas de investigaciones publicadas, análisis exhaustivos de los datos de investigación y ensayos de campo en los que se entrevistaron a miles de personas con trastornos psicológicos diagnosticados. Fue en esta versión que se incorporaron los trastornos del neurodesarrollo en el capítulo "Trastornos de inicio en la infancia". Asimismo, los trastornos del espectro de autismo estaban incluidos en la denominación general de trastornos generalizados del desarrollo (TGD).

Finalmente, en el año 2013 se publica la nueva versión, el DSM V. Tal vez la versión más criticada por psiquiatras y psicólogos, al punto que el NIMH (National Institute of Mental Health) de Estados Unidos anunció que dejaría de utilizar el DSM y, por tanto, dejaría de investigar para futuras versiones del manual. En esta actual versión se reemplaza el capítulo "Trastornos de inicio en la infancia" por el de "Trastornos del neurodesarrollo", incorporándose en esta categoría el trastorno de espectro autista (TEA) como una entidad con identidad propia.

Tipos de trastornos del neurodesarrollo en el DSM-5

Los trastornos del neurodesarrollo provocan dificultades de intensidad variable en los procesos de adaptación y participación social y/o en la realización de actividades básicas para la supervivencia. La actividad del sujeto se ve limitada o alterada con respecto a lo que sería habitual en otros sujetos con la misma edad y condiciones. La etiqueta de trastornos del neurodesarrollo engloba una gran cantidad de trastornos que comparten las características antes mencionadas, si bien presentan entre ellos diferencias según los aspectos que se vean afectados.

Bajo la etiqueta de trastornos del neurodesarrollo, el DSM V incluye las siguientes categorías[16]:

Discapacidades intelectuales	Trastorno por déficit de atención con hiperactividad	Trastorno específico del aprendizaje
Trastornos motores	Trastorno del espectro del autismo	Trastornos de la comunicación

En el DSM V los nombres de los trastornos están precedidos de una codificación. Esa codificación es tomada de otro documento internacional conocido como CIE (Codificación Internacional de Enfermedades), que edita la Organización Mundial de la Salud (OMS), y cuya versión 10 es la que actualmente se usa mundialmente para la estadificación de patologías.

En conclusión, y a partir de las modernas concepciones internacionales sobre el tema, los trastornos del neurodesarrollo quedarán clasificados según el DSM V de la siguiente manera:

---

16 American Psychiatric Association (2013). *Guía de consulta de los criterios diagnósticos del DSM-5*. Arlington, VA: American Psychiatric Association.

Discapacidad intelectual o trastorno del desarrollo intelectual:

Se debe especificar la gravedad al momento de la consulta, por lo que se proponen diferentes clasificaciones:

~ 317 (F70). Leve.

~ 318.0 (F71). Moderado.

~ 318.1 (F72). Grave.

~ 318.2 (F73). Profundo.

~ 315.8 (F88). Con retraso general del desarrollo.

~ 319 (F79). Discapacidad intelectual o trastorno del desarrollo intelectual no especificado.

Trastorno del espectro del autismo

~ 299.00 (F84.0). Trastorno del espectro del autismo. Se debe especificar si está asociado a una afección médica o genética, o a un factor ambiental conocido. Asociado a otro trastorno del desarrollo neurológico, mental o del comportamiento.

También se debe especificar la gravedad emergente de la aplicación de los criterios diagnósticos —que más adelante desarrollaremos— especificando si el niño requiere de ayuda muy notable, necesita ayuda notable o si necesita ayuda. En los trastornos del espectro de autismo el déficit intelectual y el deterioro del lenguaje son una constante, por lo que también deben ser especificadas estas circunstancias acompañantes.

Trastornos de la comunicación

~ 315.32 (F80.2). Trastorno del lenguaje.

~ 315.39 (F80.0). Trastorno fonológico.

~ 315.35 (F80.81). Trastorno de fluidez (tartamudeo) de inicio en la infancia. Nota: los casos de inicio más tardío se diagnostican como trastorno de fluidez de inicio en el adulto con la codificación 307.0 (F98.5).

~ 315.39 (F80.89). Trastorno de la comunicación social (pragmático).

~ 307.9 (F80.9). Trastorno de la comunicación no especificado.

Trastorno por déficit de atención con hiperactividad[17]

En este trastorno se debe especificar el tipo de presentación:

~ 314.01 (F90.2). Presentación combinada.

~ 314.00 (F90.0). Presentación predominante con falta de atención.

~ 314.01 (F90.1). Presentación predominante hiperactiva/ impulsiva.

Al igual que en la discapacidad intelectual, se debe especificar la gravedad al momento de la consulta, explicitando si se trata de un cuadro leve, moderado o grave según las manifestaciones clínicas del paciente.

~ 314.01 (F90.8). Otro trastorno por déficit de atención con hiperactividad especificado.

~ 314.01 (F90.9). Trastorno por déficit de atención con hiperactividad no especificado.

---

17 Para una mayor profundización sobre trastornos del neurodesarrollo infantil, especialmente trastornos específicos de aprendizaje y trastornos por déficit de atención con hiperactividad, remitimos al lector a los libros de Eduardo Sciotto y Elsa Niripil: *Neuroeducación para educadores. El cómo y el porqué de las dificultades de aprendizaje de nuestros niños* (2014, Buenos Aires: Bonum), y *Mi hijo… mi alumno… Disléxico. Guía para padres, docentes y profesionales de gabinetes escolares* (2016, Buenos Aires: Bonum). Para descargar gratuitamente documentos referidos a estos temas, ingresar a http://www.opprose.org/

Trastorno específico del aprendizaje

Aquí se debe especificar:

~ 315.00 (F81.0). Con dificultad en la lectura (especificar si con corrección de la lectura de palabras, velocidad o fluidez de lectura, comprensión de la lectura).

~ 315.2 (F81.81). Con dificultad en la expresión escrita (especificar si con corrección ortográfica, corrección gramatical y de la puntuación, claridad u organización de la expresión escrita).

~ 315.1 (F81.2). Con dificultad matemática (especificar si con sentido de los números, memorización de operaciones aritméticas, cálculo correcto o fluido, razonamiento matemático correcto).

También se debe especificar la gravedad al momento de la consulta: leve, moderado o grave.

El DSM V incorpora como términos alternativos para la denominación de los trastornos específicos de aprendizaje a la dislexia y la discalculia.

Trastornos motores

~ 315.4 (F82). Trastorno del desarrollo de la coordinación.

~ 307.3 (F98.4). Trastorno de movimientos estereotipados.

Se debe especificar si el paciente presenta o no comportamiento autolesivo; y si el cuadro está asociado a una afección médica o genética, otro trastorno del desarrollo neurológico o factor ambiental conocidos. Y si la gravedad de las manifestaciones es leve, moderada o grave.

Trastornos de tics

- ~ 307.23 (F95.2). Trastorno de la Tourette.

- ~ 307.22 (F95.1). Trastorno de tics motores o vocales persistente o crónico. Se debe especificar si el cuadro se presenta solo con tics motores o si además presenta tics vocálicos.

- ~ 307.21 (F95.0). Trastorno de tics transitorio.

- ~ 307.20 (F95.8). Otro trastorno de tics especificado.

- ~ 307.20 (F95.9). Trastorno de tics no especificado.

Otros trastornos del desarrollo neurológico

- ~ 315.8 (F88). Otro trastorno del desarrollo neurológico especificado.

- ~ 315.9 (F89). Trastorno del desarrollo neurológico no especificado.

CAPÍTULO 6

Multicausalidad en trastornos del neurodesarrollo

os trastornos del neurodesarrollo constituyen patologías de complejo tratamiento que, en determinados casos y con la aplicación de terapias de neuroestimulación adecuadas, pueden mejorar notablemente.

Son trastornos de base neurobiológica, que resumen dos grandes grupos de causas: las heredadas y las adquiridas. Estas **últimas** por factores asociados a la vida intrauterina, al nacimiento y a los dos a tres primeros años de vida. Injurias como procesos infecciosos congénitos y adquiridos, cuadros tóxico-metabólicos, déficit nutricional durante la gestación y en la primera infancia, falta de oxígeno pueden colaborar en el establecimiento del trastorno. Seguramente ninguno de ellos por sí mismo es suficiente para determinarlo, pero algunos, sumados a la predisposición del individuo, pueden determinar su aparición.

El que puede y no el que quiere

Para comenzar a interpretar los trastornos del neurodesarrollo, debemos comenzar a desmenuzar las predisposiciones que un individuo puede presentar en ese sentido. Así, por ejemplo, y más allá de los condicionantes del ambiente, así como desarrolla una crisis asmática quien posee la predisposición o sustrato atópico necesarios, también será autista, disléxico, discalcúlico o presentará un trastorno en el desarrollo del lenguaje quien posea o adquiera la predisposición para ello.

Entiéndase que un ser humano es una totalidad. Intentar desglosarlo tiene solo una finalidad didáctica, y tal procedimiento adquiere valor solo cuando, a partir de la interpretación de "las partes", es posible acceder a la integración del "todo". En suma, terminar comprendiendo la situación a partir del conocimiento de los factores que la determinan.

En general la predisposición para la adquisición de una enfermedad es consecuencia de susceptibilidades propias y particulares del individuo, las que conllevan desde una evidente carga hereditaria hasta sutiles cambios biomoleculares que, la mayoría de las veces, responden a modificaciones genéticas que los determinan. En otras situaciones, alteraciones de los mecanismos de desarrollo pre y postnatales, niños que nacen con sufrimiento fetal habiendo aspirado o no su propio meconio, el déficit de oxígeno al nacer o en los primeros días de vida, la hipoglucemia neonatal, las infecciones neonatales congénitas o adquiridas, otros procesos orgánicos asociados a modificaciones de las capacidades de respuesta inmunológica en menos o en más, entre otras muchas, también predisponen para la adquisición de enfermedades durante el crecimiento infantil, afectando el desarrollo del individuo.

En relación con los trastornos del neurodesarrollo, la carga genética es un predisponente fundamental. Se ha visto en gemelos idénticos o monocigóticos (los que se originan a partir de la división de una misma célula huevo), en los que uno de ellos presentaba autismo, que la repetición del cuadro en el otro alcanzaba al 36%. En caso de que ya existan dos afectados en una hermandad, el riesgo se eleva considerablemente. Algunos estudios muestran que, en familias con dos hijos autistas, los padres manifestaban un alto grado de disturbio de personalidad, eran más rígidos y tenían mayor tendencia al aislamiento. Otros trabajos han demostrado un mayor **índice** de enfermedades psiquiátricas en familiares de primer o segundo grado de niños autistas.

Es fundamental, por tanto, en la pesquisa de los trastornos del neurodesarrollo, inquirir en los antecedentes maternos, como procesos infecciosos antes y durante el embarazo, consumo de tóxicos como alcohol u otras drogas de adicción, aumento de presión arterial durante el embarazo, diabetes gestacional, pérdida de peso de la gestante, amenazas de aborto, por solo mencionar algunos pocos de una larga lista posible. Solemos preguntar en nuestros protocolos respecto de la existencia de ocurrencias similares en el clan familiar ampliado.

Está claro que en el autismo hay una predisposición genética, aunque no está claro todavía en qué medida este origen genético es hereditario (transmitido de generación en generación) o accidental (como consecuencia de una lesión genética producida en el momento de la fecundación o durante la gestación).

Causalidades genéticas en trastornos del neurodesarrollo

Existen muchas enfermedades genéticas que se presentan con afectación del neurodesarrollo en diferente grado de profundidad. Es el caso de la microcefalia, que acompaña al 5% a 15% de los niños con trastorno de espectro autista. La ocurrencia de microcefalia es un predictor de mal pronóstico en el niño autista.

El síndrome de macrocefalia-discapacidad intelectual-autismo es una enfermedad neurológica genética y poco frecuente caracterizada por la asociación de macrocefalia, rasgos faciales característicos, retraso psicomotor que conlleva a discapacidad intelectual y trastorno del espectro autista. Se puede observar en la cara prominencia frontal, hipertelorismo (lateralización de los ojos), hipoplasia medio facial, puente nasal deprimido y nariz corta. La causa radica en una mutación del gen PTEN, un gen que codifica a una proteína que ayuda a controlar muchas funciones celulares, como la multiplicación y la muerte de las células. Los cambios en el gen que elabora la PTEN se encuentran, además, en muchos tipos de cáncer y otras enfermedades.

Otras enfermedades genéticas se acompañan de trastornos del neurodesarrollo como el síndrome de Martin Bell o síndrome de fragilidad del X. En este síndrome se observa una anomalía del cromosoma X (el cromosoma sexual femenino). Se trata de una "rotura" en un punto frágil del brazo largo del cromosoma X. Una pequeña parte del código del gen se repite en un **área** del cromosoma X demasiadas veces, lo que provoca que el gen se desactive y cree un punto débil o frágil en **él.** Cuantas más repeticiones se presenten, mayor será la probabilidad de que haya un problema. Normalmente este segmento de ADN se repite de cinco a cuarenta veces en el gen, pero en las personas con este síndrome se repite más de doscientas veces. El síndrome de Martin Bell es una de las formas más frecuentes de retraso mental por causas genéticas, ya que 1 de cada 4000 a 6000 niños varones se ve afectado por **él.** Las niñas, con una incidencia de 1 de cada 8000 a 120.000, se ven menos afectadas.

De una larga lista solo mencionaremos algunos pocos otros cuadros de origen genético con el objeto de ilustrar al lector acerca de la multicausalidad y variabilidad de los trastornos del neurodesarrollo.

El **síndrome** de Angelman se caracteriza por presentar discapacidad intelectual severa, a menudo con microcefalia asociada, incoordinación motora (ataxia), hiperactividad, convulsiones, falta de desarrollo del lenguaje, episodios de risas inmotivadas, macrostomia (aumento del tamaño de la boca), boca abierta y protrusión lingual. Además de las características descriptas, este cuadro suele ser reconocido por la atracción fascinante que muestran estas personas por el agua y los objetos brillantes. Sin embargo, esta curiosa manifestación solo se observa en menos del 80% de los pacientes.

El estudio genético es imprescindible para el diagnóstico, y permite hacerlo con alrededor del 80% de los casos. Mediante un cariotipo con bandeo se aprecia en estos pacientes una pérdida mínima de material en el cromosoma 15. Estudios más profundos llegaron a la conclusión de que el sector del cromosoma afectado es el mismo que se observa en niños con síndrome de Prader Willi, otro síndrome genético que afecta el neurodesarrollo. Posteriores estudios permitieron concluir que el síndrome de Angelman es consecuencia de la afectación del cromosoma 15 aportado por la madre (Donlon, Knoll), mientras que el síndrome de Prader Willi es consecuencia de la afectación del cromosoma 15 de origen paterno. Estos procesos de marcación según el origen del cromosoma son conocidos hoy como impronta génica.

Finalmente, y sin pretensión de agotar el tema, mencionaremos como ejemplo de trastorno del neurodesarrollo de origen genético al síndrome de Williams. Este síndrome fue descripto en el año 1961 y se caracteriza por presentar un fenotipo específico con discapacidad intelectual y afectación valvular cardíaca. Es producido por una deleción submicroscópica en el brazo largo del cromosoma 7, donde se encuentra el locus que mapea para el gen de elastina. Existen casos familiares de transmisión de padres a hijos mostrando un patrón autosómico dominante.

Durante los primeros meses muestran hipotonía muscular con retraso en la adquisición de pautas madurativas y del lenguaje, el cociente intelectual medio es de 58 con un rango de entre 40 y 80. La prueba de habilidad lingüística muestra superioridad respecto de las gráficas. Suelen presentar un fenotipo conductual bien característico con hiperactividad, ansiedad, déficit atencional, baja tolerancia a la frustración y en ocasiones obstinación. Por otra parte, muestran un comportamiento amistoso y con gran locuacidad, en especial con personas mayores.

Causalidades no genéticas de los trastornos del neurodesarrollo

En la actualidad, una sólida base científica sostiene que el neurodesarrollo exitoso tiene estrecha relación no solo con la genética y las condiciones óptimas de crecimiento y desarrollo durante la vida intrauterina, sino también con el ambiente de estimulación y afecto que rodea al niño, ya que tales estímulos no solo favorecen la generación de endorfinas, sino que además inducen la producción de mayor cantidad de conexiones entre neuronas y, en consecuencia, mayor integración de vías nerviosas. Tal como se expresó más arriba, a mayor número de sinapsis, mayor flujo de información y mayor potencial bioeléctrico. Por otro lado, la calidad nutricional y especialmente la lactancia materna influyen en el desarrollo infantil. Se postula que existe una relación positiva entre lactancia materna, adecuado desarrollo infantil y cociente intelectual.

Intentaremos describir a continuación las principales causas identificadas, que pueden determinar la aparición de trastornos del neurodesarrollo y que se establecen en la etapa prenatal o en los primeros años después del nacimiento.

Etapa prenatal o gestacional

La gestación se divide tradicionalmente en dos etapas: una etapa embrionaria y una etapa fetal. La etapa embrionaria se extiende desde el momento de la concepción hasta la 8ª a 12ª semana de vida (según distintos autores). En esta etapa se produce la organogénesis, es decir, la formación de los órganos del cuerpo del niño. Es por ello por lo que determinadas enfermedades infecciosas, como el caso de las virosis respiratorias (por ejemplo, la rubéola o la varicela), si afectan a la mujer embarazada durante el primer trimestre de su gestación, pueden provocar graves malformaciones por alteración de los mecanismos organogénicos.

Los niños que han padecido alguna enfermedad en esta etapa, si sobreviven, nacen con malformaciones o impedimentos neuro-sensoriales de diferente índole, lo que condiciona sus posibilidades de aprendizaje y, por ende, la necesidad educativa especial que estos requieran.

La etapa fetal involucra al segundo y tercer trimestre de la gestación (entre la 12ª y la 40ª semana). Durante este período los órganos esbozados seguirán creciendo y desarrollándose; esta etapa es la de mayor crecimiento en la vida de un ser humano.

A partir de las doce semanas de gestación, y aun durante los primeros meses de la vida extrauterina, la afectación de algún mecanismo de desarrollo y de maduración en un determinado momento del crecimiento del organismo en que se establecen funciones neurológicas importantes, como conexiones sinápticas entre áreas integradas de especialización hemisférica, pueden generar en el niño un defecto que se pondrá de manifiesto cuando ese niño deba poner en juego para el logro de sus aprendizajes las funciones neuropsicológicas afectadas.

La falta de crecimiento adecuado del feto, ya sea por déficit de aporte de nutrientes por afectación placentaria, o simplemente por desnutrición materna, conforma una de las causas no genéticas de trastornos del neurodesarrollo más comunes. Desde nuestra experiencia en OPPROSE, esta causalidad está presente de manera habitual en niños con estos trastornos. Los riesgos se potencian cuando su alteración de crecimiento —conocida como distrofia fetal— se combina con nacimientos pretérminos (nacidos antes de la semana 38) y prematuros (funciones inmaduras).

Como es sabido, el test de Capurro, medido por el neonatólogo que recibe al niño, es un indicador fidedigno de edad gestacional. Una edad gestacional menor de las 37 semanas conlleva seguramente la existencia de inmadurez de funciones, inmadurez que se irá acentuando a medida que la edad gestacional del recién nacido es menor.

De ellas, tal vez la más conocida es la inmadurez de los "pulmones", que determinará, en caso de no ser prevista, la llamada "enfermedad de la membrana hialina" en el recién nacido con el riesgo de déficit de oxígeno (hipoxia) en el bebé.

Hoy, gracias a las modernas terapias intensivas neonatológicas y a la alta especialización de los profesionales en este campo, es posible lograr la supervivencia de recién nacidos con peso inferior a los 1000 gramos y con edades gestacionales menores de 30 semanas. Sin embargo, estos niños probablemente presentarán algún retraso en la adquisición de funciones relacionadas con el neurodesarrollo, como por ejemplo las pautas de intersubjetividad primaria y secundaria y la adquisición del lenguaje.

En la medida en que estos recién nacidos de riesgo presenten o no complicaciones perinatológicas como déficit de oxígeno (hipoxia neonatal), infecciones, trastornos metabólicos como déficit en los niveles de glucosa o de calcio, entre otros, la posibilidad de afectación de su neurodesarrollo irá incrementándose. Debiera ser una norma someter precozmente a estos niños a programas de estimulación temprana.

Un dato que no debiera desconocer ninguna madre es la calificación de APGAR de nacimiento de su hijo/a. La escala de APGAR es una medida de vitalidad fetal que se toma al minuto de nacimiento, a los cinco minutos y en casos extremos a los diez minutos. Esta escala califica la vitalidad del recién nacido entre 1 y 10 puntos expresándose habitualmente por un par numérico separado por una /, de manera que el primer número expresa la vitalidad al minuto del nacimiento y el segundo número a los cinco minutos. La calificación óptima del APGAR es 9/10. En la medida en que esos valores sean menores, menor será la vitalidad y mayor el grado de depresión del recién nacido. Valores inferiores a 6 indican una depresión moderada a grave y, en consecuencia, mayores riesgos para el neurodesarrollo del recién nacido.

Debemos confesar que en oportunidades la madre nos presenta una epicrisis de nacimiento con una calificación óptima de 9/10, pero cuando inquirimos en las variables que determinan esa calificación —a saber: color de la piel, frecuencia cardíaca, tono muscular, esfuerzo respiratorio y respuesta refleja—, el relato materno no se condice con la calificación declarada. En esos casos tomamos como valedero el relato materno y adjuntamos un APGAR presunto a partir de este.

Otros datos vitales que nos permiten evaluar el crecimiento intrauterino del recién nacido son los parámetros antropométricos, especialmente los referidos a talla, peso y perímetro cefálico, que nos permitirán ubicar al niño en una tabla estadística conocida como tablas de percentilado. Esta tabla nos dará los percentiles de nacimiento para cada uno de esos parámetros, datos que el pediatra tomará como base para evaluar el crecimiento posterior del niño. Estas tablas están estandarizadas y, por lo general, referidas a una población específica. En nuestro caso la Sociedad Argentina de Pediatría ha publicado diferentes tablas de percentilado basadas en registros sobre niños argentinos.

Finalmente, mencionaremos la conocida prueba de la gota de sangre en el talón del recién nacido, que nos permite la detección precoz de las siguientes enfermedades: fenilcetonuria, hipotiroidismo, fibrosis quística, galactosemia, hiperplasia suprarrenal congénita y déficit de biotinidasa.

Esta prueba establecida en diferentes normas legales en la República Argentina debe ser realizada a todo recién nacido entre las 48 horas y el 5° día de vida, previo al alta neonatal y 24 horas después de que el niño haya comenzado a alimentarse. En los prematuros con edades gestacionales menores de 35 semanas se pesquisa al nacimiento y cuando llega a las 37 semanas. En niños con peso inferior a 1500 gramos se realiza la pesquisa inicial y se repite cada 15 días hasta que el niño alcanza los 2000 gramos de peso.

De las enfermedades que previene debemos destacar que la fenilcetonuria, el hipotiroidismo congénito y el déficit de biotinidasa tendrán manifestaciones que afectarán el neurodesarrollo infantil.

Los trastornos hipertensivos durante el embarazo afectan aproximadamente al 5% a 15% de todas las gestantes. De entre ellos podemos mencionar la hipertensión crónica, la hipertensión gestacional o la preeclampsia, sea esta de novo o superpuesta a una hipertensión crónica de base en la embarazada. Mientras que las causas de los trastornos hipertensivos del embarazo no están aún completamente entendidas, se considera como factores de riesgo mayor la edad materna avanzada y un índice de masa corporal elevado, ambos incrementados en las sociedades modernas. Los trastornos hipertensivos durante el embarazo crean un ambiente uterino hostil como consecuencia de cambios fisiopatológicos incluyendo reducción del flujo sanguíneo placentario, inflamación materna y estrés oxidativo. Esto puede potencialmente alterar la trayectoria del desarrollo fetal, lo que puede incrementar el riesgo vascular a largo plazo y generar secuelas psiquiátricas y cognitivas en la descendencia.[18]

Etapa postnatal

Siguiendo los conceptos enunciados por Juan Garraham, podemos clasificar las etapas de la vida postnatal sobre la base de pautas de desarrollo neuropsíquico. Reconocemos entonces: un período neonatal, que se extiende desde el nacimiento y hasta los 28 días de vida; una etapa de lactación hasta los 12 meses de vida, aproximadamente. Le sigue la primera infancia, que se extiende hasta los 2 años y medio, y que culmina coincidentemente con la finalización de la primera dentición. La segunda infancia o etapa de preescolarización se extiende desde los 2 años y medio hasta los 5 o 6 años, para continuarse con la etapa de escolarización plena que finalizará alrededor de los 12 años con la aparición del

---

18 Maher, G. M., O´Keeffe, G. W., Kenny, L. C., Kearney, P. M., Dinan, T. G. y Khashan, A. S. (2017). *Hypertensive disorders of pregnancy and risk of neurodevelopmental disorders in the offspring: a systematic review and meta-analysis protocol.* Ireland: University College Cork. Disponible en: http://bmjopen.bmj.com/content/7/10/e018313

brote puberal. Nos detendremos en el estudio de los factores que pueden favorecer la aparición de un trastorno del neurodesarrollo en las primeras etapas mencionadas

Niños con bajo peso al nacer

Como se dijo más arriba, el peso de los niños al momento del nacimiento es un parámetro muy importante que permite, en un análisis longitudinal retrospectivo y esencialmente prospectivo, pronosticar con razonable exactitud el grado de vitalidad física y también psicointelectual del niño. Hoy se admite sin reservas que el desarrollo psíquico e intelectual de los niños que al nacer han sido conceptuados como de bajo peso para la edad gestacional (B.P.E.G.) presenta un peor pronóstico que el de los niños de peso normal al nacer. Es posible afirmar que el 10% de las discapacidades intelectuales han presentado B.P.E.G.

Diversos estudios longitudinales de seguimiento de secuelas neurológicas y mentales a niños que registraron al momento de su nacimiento B.P.E.G., que se vienen realizando en Europa desde hace 18 años, han demostrado que entre el 21% y el 24% de los afectados presentó trastornos del neurodesarrollo.

Discutir el mecanismo por el cual puede aparecer subnormalidad en el retardo del crecimiento fetal implica analizar previamente los mecanismos de producción de ese crecimiento intrauterino retardado. Muy sintéticamente es posible reconocer tres mecanismos fundamentales que J. Esteban Altirriba[19] propone en su obra Prevención de la subnormalidad.

El crecimiento intrauterino retardado (CIR) tipo I se debe a una reducción del potencial de crecimiento primario. En este caso la noxa —elemento causal determinante de la aparición de enfermedad— actúa precozmente, generalmente en fase embriona-

---

19   Altirriba, J., Sabater Tobella, J. y Balaña Crespo, P. (1979). *Prevención de la subnormalidad*. Barcelona, España: Biblioteca Médica de Bolsillo. Salvat Editores.

ria, afectando no solo el peso fetal, sino también su longitud y el perímetro craneal. Al actuar la noxa muy precozmente, se afecta la proliferación celular con formación de órganos de escaso tamaño y con alteraciones funcionales. La discapacidad intelectual en este grupo es consecuencia del bajo peso cerebral, de la dotación neuronal incompleta y del retardo en la mielinización. El pronóstico de estos individuos es muy sombrío y las expectativas de vida son escasas, ya que asocian malformaciones graves y aberraciones cromosómicas en casi el 50% de los afectados. Los CIR tipo I presentarán alteraciones del crecimiento esquelético durante el período neonatal, que se seguirán de alteraciones importantes del crecimiento posterior y de la adquisición de las funciones madurativas.

El crecimiento intrauterino retardado tipo II reconoce como mecanismo fundamental la insuficiencia vascular uteroplacentaria, la cual puede ser consecuencia de hipertensión arterial en la embarazada, tal como se explicó más arriba. En otras palabras, la imposibilidad de la placenta de mantener un adecuado aporte de nutrientes al feto es el punto de partida de trastornos circulatorios. La noxa actúa más tardíamente con respecto al tipo anterior, por lo que se afectará predominantemente el peso, pero no el perímetro craneano, ya que no incide en la fase de proliferación celular, sino en la fase de crecimiento celular. La situación puede ser reversible en estos pacientes, dependiendo de las hipoxias condicionadas por la insuficiencia uteroplacentaria. Los CIR tipo II presentarán un ritmo de crecimiento superior al normal especialmente durante los primeros seis meses de vida extrauterina. Regularizarán su crecimiento posteriormente y la adquisición de las funciones intelectuales.

El crecimiento intrauterino retardado tipo III es motivado por malnutrición materna. Existe una reducción en la cantidad de las células y en sus tamaños de tal forma que, si a la malnutrición materna le sigue la malnutrición postnatal condicionada por el contexto socioeconómico, lo que Tallis llama "ecología de la desnutrición", la reducción en el número de células cerebrales puede determinar el déficit intelectual. La evolución posterior de estos niños dependerá no solo de la patogenia del proceso, sino también del contexto afectivo, social e intelectual en el cual estos niños crezcan. Ya se mencionó el papel trascendental que juega la interacción plena entre niño y madre en los casos de "desviados positivos" que alcanzan desarrollos adecuados a pesar del contexto desfavorable en el cual crecen.

Errores congénitos del metabolismo

Un gran número de enfermedades genéticas y de errores congénitos del metabolismo pueden afectar al recién nacido, comenzar a manifestarse en este período o posteriormente y condicionar su neurodesarrollo. Algunas de ellas pueden ser diagnosticadas y tratadas precozmente. Es el caso del hipotiroidismo congénito, un déficit en la función hormonal de la glándula tiroides que, de perpetuarse en el tiempo, producirá cretinismo. Como se detalló más arriba, es posible detectar la existencia de hipotiroidismo congénito en las primeras horas de vida mediante un examen sanguíneo.

Más común aún es el hipotiroidismo infantil, que aparece a posteriori del nacimiento, que no presenta la típica facies de cretino, pero que lleva también a discapacidad intelectual, generalmente menos profunda que en el hipotiroidismo congénito.

Un número importante de errores congénitos del metabolismo puede afectar el neurodesarrollo infantil. Por exceder los objetivos de este trabajo, solo mencionaré con carácter informativo unas muy pocas formas de degeneraciones cerebromaculares, que afortunadamente son muy poco frecuentes, pero que pueden aparecer durante la edad escolar. Las degeneraciones cerebromaculares son fallas congénitas en el metabolismo de los lípidos —por lo que además se conocen como lipoidosis— que afectan el desarrollo del sistema nervioso central y producen ceguera o afectación grave de la función visual, déficit intelectual progresivo y parálisis.

Conforme la edad de aparición, adquirirá distintas características. Dentro del primer año de vida, y de preferencia racial en niños de ascendencia judía, se puede observar la forma clásica de la enfermedad de Tay-Sachs, la que es siempre fatal dentro de los primeros tres años de declarada la enfermedad. Se manifestará por retraso de funciones neuromadurativas y pérdida progresiva del tono muscular hasta llegar a la hipotonía generalizada. Se suma la alteración de la función visual, que lleva indefectiblemente a la amaurosis (ceguera). Suele observarse nistagmo (movimientos incoordinados de los globos oculares). Se suman a este cuadro accesos epilépticos que progresivamente deterioran la capacidad intelectual. La muerte es inevitable entre los dos y tres años de iniciada la enfermedad.

La degeneración cerebromacular infantil tardía —enfermedad de Jansky- Bielschowsky— aparece entre los tres y los seis años de edad, y por lo tanto es posible de ser observada en el nivel inicial. Su evolución es menos brutal que la de Tay-Sachs, aunque en general los enfermos fallecen dentro de los primeros diez años de iniciada la enfermedad. En este caso no hay predominancia de raza, el déficit intelectual es lento pero progresivo, y se observan manifestaciones cerebelosas de tipo incoordinación motora, que son también de lenta instalación. Los trastornos visuales no llegan a la ceguera, pero sí originan una lesión en la retina (retinitis pigmentaria degenerativa) con pérdida de la agudeza visual.

Ictericia neonatal

No resulta poco frecuente que los niños adquieran al nacer cierta coloración amarillenta en piel y mucosas, conocida como ictericia. La ictericia es provocada por la destrucción masiva de glóbulos rojos; situación esta habitual durante los primeros días de vida postnatal, sumada a cierto grado de inmadurez hepática que le impide al órgano metabolizar los productos de desecho de esa destrucción.

Durante la vida intrauterina el feto recibe oxígeno y nutrientes a través de la placenta. Sin embargo, esta estructura presenta una baja presión de intercambio, de manera que el feto lo compensa mediante el aumento de la producción de glóbulos rojos, que contienen una hemoglobina conocida como Hb F, con mayor afinidad por el oxígeno que la hemoglobina de un adulto. Al momento del nacimiento, cuando el niño comienza a respirar a través de sus pulmones, el incremento de la presión de oxígeno a nivel de los alvéolos pulmonares hace innecesaria una importante masa de glóbulos rojos fetales, los que son destruidos (hemólisis) por el organismo del recién nacido. La hemólisis libera hemoglobina, que se convierte a bilirrubina (un derivado metabólico).

La bilirrubina circulante debe ser metabolizada en el hígado del recién nacido. La presencia de un hígado inmaduro dificultará o retrasará esa conversión y, por lo tanto, la bilirrubina no metabolizada —conocida como bilirrubina indirecta— se acumulará en sangre circulante.

Hasta aquí el mecanismo fisiológico.

Pero ¿qué sucede si un factor externo anula la capacidad de transporte de oxígeno de la hemoglobina fetal? El cuerpo del feto intentará compensar el déficit —no siempre lo logra adecuadamente— generando una mayor masa globular. Si esa masa globular le permite al feto oxigenar adecuadamente, entonces el crecimiento fetal y el logro de funciones biológicas se sostendrá. Pero si la oxigenación no es suficiente, las pautas de crecimiento y de maduración intrauterina se verán afectadas. La consecuencia: un recién nacido de bajo peso e inmaduro.

¿Cuál es la causa más frecuente de este fenómeno?

El tabaquismo materno… La madre gestante fumadora.

El monóxido de carbono contenido en el humo del cigarrillo no solo inutilizará la hemoglobina de los glóbulos rojos de la madre, sino también la de su futuro hijo.

Al nacer el niño, el fenómeno de hemólisis encontrará una masa globular mayor y un hígado más inmaduro. La consecuencia será la acumulación de bilirrubina indirecta en la sangre circulante del recién nacido. Esta acumulación de bilirrubina indirecta, si no es adecuadamente valorada y tratada, podrá generar lesiones a nivel del sistema nervioso central del recién nacido, que conllevarán la afectación del neurodesarrollo.

La primera medida es la luminoterapia —iluminación intensa del neonato con luz blanca—, puesto que la molécula de bilirru-

bina se degrada por acción de la radiación U.V. Si la luminoterapia no es suficiente para frenar el incremento de la bilirrubina,
deberá recurrirse a la renovación de la sangre del niño. Estas medidas suelen tomarse en los centros asistenciales de áreas urba-
nas que cuentan con los recursos y tecnología para ello.

Pero ¿qué sucede si el niño no es asistido?

La bilirrubina producida por la destrucción de sus propios
glóbulos rojos se depositará en núcleos ubicados en la base del
cerebro, y esto condicionará, entre otras cosas, una discapacidad
intelectual permanente del individuo, situación que se denomina
kernicterus. Niños con historia de kernicterus diagnosticados o
ignorados pueblan nuestras escuelas especiales o presentan necesidades educativas especiales.

Intestino permeable y autismo

La integridad de la pared intestinal juega un papel importante en
la adecuada absorción de nutrientes que bloquean las toxinas, bacterias, alérgenos y péptidos procedentes de los alimentos, que pueden
ser dañinos, y que al penetrar en la circulación sistémica producen
las anormalidades en la conducta descriptas en el autismo. La permeabilidad intestinal es el enlace para explicar la asociación entre
el autismo, la respuesta inmune inadecuada, la alergia a múltiples
alimentos, la disbiosis, el sobrecrecimiento de hongos como cándida albicans, así como el déficit de micronutrientes. Hay estudios
modernos que sugieren la posible contribución de elementos metabólicos, genéticos e inmunológicos, de riesgo prenatal y postnatal,
trastornos en la respuesta inmune, toxinas de alimentos, intoxica-
ción por metales pesados, sobre todo mercurio y plomo, alergia a la
caseína y al gluten, así como una variedad de agentes infecciosos.[20]

---

20 Lenny, G. y González, M. D. (2005). "Manifestaciones gastrointestinales en trastornos del espectro autista". En *Revista Colombia Médica*. (Vol. 36, *N° 2*,
abril-junio). Bogotá, Colombia: Corporación Editora Médica del Valle.

En los niños autistas se ha visto inflamación gastrointestinal superior e inferior con distintos grados de severidad. El aumento en la permeabilidad intestinal en pacientes con trastornos del espectro autista, sin síntomas o evidencia de enfermedad digestiva, fue descripto por D'Eufemia (1996). En 1998, Wakefield y col. sugirieron la asociación entre enfermedad inflamatoria intestinal crónica y autismo por el análisis de la biopsia del íleon, donde se evidenció la presencia frecuente de hiperplasia nodular linfoide (HNL) y colitis inespecífica.

En un estudio científico sobre los efectos de la ecología microbiana intestinal sobre el desarrollo cerebral[21], se demuestra que la flora bacteriana presente en el aparato digestivo, influenciada por factores como los antecedentes maternos de infecciones vulvovaginales —especialmente por bacterias del grupo Clostridium y hongos oportunistas como la cándida—, la forma de nacimiento, la edad gestacional, la nutrición y el uso temprano de antibióticos, condiciona las posibilidades del cerebro en desarrollo del recién nacido y del niño pequeño.

Se sabe hoy que la mayoría de los niños con trastorno de espectro autista tiene un sistema inmunitario débil, por lo que sufre infecciones que a menudo son tratadas con antibióticos de amplio espectro vía oral. En nuestra experiencia hallamos la afectación repetida del árbol respiratorio en estos niños, manifestada antes de los 2 años y medio como cuadros de bronquiolitis, broncoespasmos y crisis asmatiformes. El uso de antibióticos —la vedette suele ser la amoxicilina— suele causar desequilibrios de la flora intestinal, lo que favorece el desarrollo de bacterias anaerobias y hongos oportunistas, especialmente cándidas.

A su vez, es conocido que estos niños tienen hábitos alimentarios rígidos que resultan muy difíciles de modificar para sus padres. Cuando la alimentación de estos niños se basa en exceso

---

21 Douglas-Escobar, M., Elliot, E. y Neu, J. (2013). "Effect of Intestinal Microbial Ecology on the Developing Brain". En *JAMA Pediatrics*. 167(4):374-379.

de azúcares, zumos, hidratos de carbono refinados, levaduras, carnes tratadas con antibióticos, no hacen más que favorecer esta sobreinfección.

Téngase en cuenta que las levaduras y las cándidas en particular pueden estar en dos formas: libres o en forma de micelios que infiltran la pared intestinal. Las sustancias de deshecho de estos hongos deshacen los mucopolisacáridos de la pared intestinal, lo que favorece la permeabilidad del intestino y da lugar al cada vez más conocido Síndrome del Intestino Permeable.

El principal problema de un intestino permeable es que permite el paso a la sangre de alimentos no digeridos, especialmente péptidos —proteínas incompletas o no totalmente reducidas a sus componentes: los aminoácidos—, tóxicos, bacterias y otras sustancias alergénicas.

Entre los péptidos no digeridos que pasan la barrera intestinal hay que distinguir los derivados del gluten de ciertos cereales como trigo, cebada, centeno y de la avena principalmente, y los de la proteína —caseína— de la leche de vaca y cabra.

Estos péptidos, llamados exomorfinas, interactúan con los receptores cerebrales opioides y provocan un estado similar al de quien está bajo el efecto del opio. La existencia de estos péptidos es muy característica en el autismo y algunos trastornos del neurodesarrollo, por lo que algunos laboratorios bioquímicos utilizan la detección de opioides endógenos urinarios como marcador para la detección de autismo.[22]

Actualmente existen en el mercado alimentario distintas leches sin caseína formuladas para niños con intolerancia a la proteína de la leche vacuna y niños con trastorno del espectro de autismo. Dado que los niños con trastornos del neurodesarrollo y, especialmente, trastornos del espectro de autismo, tienen un sis-

---

22 Hsiao, E. Y., McBride, S. W., Hsien, S. y Petrosino, J. F. (2013). "Microbiota Modulate Behavioral and Physiological Abnormalities Associated with Neurodevelopmental Disorders". En *Cell*. (Vol. 155, December). P1451-1463. https://doi.org/10.1016/j.cell.2013.11.024

tema intestinal tan inmaduro y afectado, deberían extremarse al máximo las posibles agresiones intestinales, sobre todo por debajo de los tres años. Las principales agresiones externas para el intestino son: aditivos, consumo precoz o excesivo de leche (no materna) y gluten, antibióticos, entre otros.

El llamado tratamiento biológico del autismo se está demostrando actualmente como eficaz, y aborda esencialmente la superación de las dificultades digestivas que padecen los niños autistas. Precisamente para tratar el autismo hay que actuar sobre la alimentación evitando aditivos, azúcar, gluten y caseína, sobre la limpieza y recuperación intestinal, la digestión de los alimentos y el aporte de suplementos nutricionales deficitarios: aminoácidos, grasas, minerales y vitaminas.

La dieta Feingold

Con respecto a los aditivos alimentarios, en 1973, el Dr. Feingold —alergista y pediatra norteamericano— describió la relación de estos con la hiperactividad. Además, algunos colorantes inhiben la función de las enzimas digestivas (amilasa, tripsina), empeorando el cuadro digestivo.

Con la publicación de su libro, Feingold generó mucha discusión científica, pública y política.[23] Su hipótesis era que los colores y sabores artificiales, los conservadores y salicilatos naturales que se encuentran en las verduras y frutas como manzanas, cerezas, naranjas eran la causa principal de la hiperactividad y los problemas de aprendizaje en los niños. Argumentó que el 50% de los niños que tenía TDAH (trastorno por déficit de atención con hiperactividad) mejoró sus síntomas con una dieta que elimina todas estas sustancias. Sus hallazgos llevaron a la creación de un

---

23 Baumgaertel, A. (1999). "Alternative and controversial treatments for attention-deficit/hyperactivity disorder". En *Pediatric Clinics of North America*. (Vol. 46, October), pp. 977–992. https://doi.org/10.1016/S0031-3955(05)70167-X

Consejo Asesor Nacional sobre Hipercinesia y Aditivos Alimentarios y a un intenso debate sobre sus recomendaciones.[24]

La investigación posterior en esa área no ha encontrado ninguna evidencia que apoye la dieta de Feingold como beneficiosa para mejorar los síntomas asociados con los trastornos de conducta o con problemas de aprendizaje.

Sin embargo, la investigación sobre la dieta de Feingold centrándose en los colorantes de alimentos[25] sugiere que algunos niños hiperactivos empeoran su comportamiento con la adición de grandes dosis de colorantes alimentarios sintéticos. La investigación adicional en esta área ha encontrado que varios alimentos o sustancias pueden empeorar el comportamiento del niño, pero no hay un solo agente que se haya encontrado que afecte a todos los niños de manera significativa.

Azúcares e hiperactividad

Otro de los temas que generan controversia en el ámbito científico es si el azúcar —sacarosa— puede ser responsable o no de hiperactividad en los niños. Muchos padres y profesionales han observado que los niños que consumen productos ricos en azúcar, caramelos, dulces, zumos azucarados con edulcorantes artificiales, etc., tienen mayor tendencia a padecer hiperactividad, irritabilidad y déficit de atención. Por el contrario, si se reducía en esos niños el aporte de azúcares, disminuían los niveles de hiperactividad y mejoraba la capacidad atencional del niño. Desde nuestra experiencia en OPPROSE hemos comprobado que la restricción —no la eliminación— de azúcares en exceso en la dieta

---

24   Wender, E. H. (1986). "The food additive-free diet in the treatment of behavior disorders: a review". En *Journal of Developmental & Behavioral Pediatrics.* 7:35-42.

25   Swanson J. M. y Kinsbourne, M. (1980). "Food dyes impair performance of hyperactive children on a laboratory learning test". En *Science.* 207:1485-1487.

de los niños contribuye a disminuir las manifestaciones de hiperactividad.

Cabe preguntarse: ¿es entonces el azúcar el responsable de estos cambios? Creemos que no.

Interpretamos la situación de la siguiente manera: cuando el niño ingiere hidratos de carbono en forma de dulces, golosinas, zumos azucarados, entre otros, el pico de glucemia —azúcar en la sangre— genera una rápida respuesta insulínica que tiende a disminuir la glucemia de manera brusca y lleva al niño a una hipoglucemia. Es sabido, además, que el funcionamiento del cerebro depende de un suministro constante de glucosa en la sangre, la hipoglucemia perjudica la eficiencia del cerebro y de ahí resultan muchos desórdenes relacionados con el comportamiento, y el consiguiente deseo posterior del niño de ingerir más dulces. El resultado final es un nivel de glucosa en sangre no estable seguido de subidas pronunciadas, bajadas y rebotes, algo dañino y adictivo para el organismo.

Este mecanismo de descompensación en la regulación de la glucemia no es exclusivo de estos niños. En los pacientes diabéticos la dietoterapia específica consiste en ingerir los alimentos adecuados cuanto menos seis veces por día, de manera de evitar este desbalance y con ello la hipoglucemia refleja y el posterior deseo compulsivo de comer.

La restricción de los azúcares de la dieta, si se combina con un mayor consumo de proteínas, especialmente en el desayuno, no solo disminuye los síntomas de hiperactividad, sino también puede mejorar las aptitudes cognitivas del niño. El aporte de ciertos aminoácidos en la dieta, que actúan como precursores de neurotransmisores, como sucede con el aminoácido triptófano para la serotonina, o la L-tirosina para la dopamina, favorece el desempeño cognitivo.[26]

---

26 "The Nutrition Practitioners" (2000). En *The ONC, Journal*. (Vol. 2, July).

Otros nutrientes adquieren trascendental importancia cuando de potenciar los aprendizajes de los niños se trata. Solemos sugerir a las familias ciertos complementos dietarios que aporten básicamente vitaminas B6, B12, y ácidos Omega 3 (lo preferimos de origen animal).

La vitamina B12 es un cofactor importante en la síntesis de mielina que, como ya se explicó, es determinante para optimizar la velocidad de conducción del impulso nervioso a través de las neuronas. Algunos neurólogos infantiles suelen aconsejar su uso a madres de niños con dificultades de aprendizaje con componente de ralentización del procesamiento cerebral.

Con respecto a los ácidos grasos Omega 3, los tres principales son el ácido alfa-linolénico (ALA), el ácido eicosapentaenoico (EPA) y el ácido docosahexaenoico (DHA). El ALA se encuentra principalmente en aceites vegetales como el aceite de linaza y de soja. Los DHA y EPA se encuentran en el pescado y otros mariscos.

El ALA es un ácido graso esencial, es decir que el organismo no lo produce, de manera que se obtiene naturalmente a través de los alimentos (o eventualmente de suplementos dietéticos).

Los ácidos grasos Omega 3 son componentes importantes de las membranas que rodean cada célula en el organismo. Las concentraciones de DHA son especialmente altas en la retina del ojo, las células del cerebro y los espermatozoides. El ácido docosahexaenoico es un componente vital de los fosfolípidos de las membranas celulares. Al formar parte de las membranas de las células nerviosas, favorecen no solo su integridad estructural, sino también funcional. Recuérdese que la transmisión del impulso nervioso a través de los axones de las neuronas es el producto de la activación adecuada de sus membranas.[27]

27 Connor, W. E. (2000). "Importance of n–3 fatty acids in health and disease". En *The American Journal of Clinical Nutrition*. (Vol. 71, Issue 1, January), pp. 171S–175S. https://doi.org/10.1093/ajcn/71.1.171S

Existen otros muchos nutrientes que intervienen en los procesos cognitivos como los niveles de zinc y magnesio en el organismo, ciertas vitaminas y algunos aminoácidos.

En OPPROSE, a cada niño que ingresa le realizamos una pequeña prueba conocida como "escaneo cuántico por resonancia magnética". Se trata de un estudio que tiene valor como catastro y nos orienta acerca de los déficits nutricionales del niño, evaluando los oligoelementos, vitaminas, ácidos grasos, entre otros parámetros. No se trata de una prueba diagnóstica y no reemplaza a los estudios correspondientes en cada caso. Pero nos orienta respecto de algunas sugerencias dietarias que el Servicio de Orientación Nutricional para el aprendizaje de OPPROSE elabora especialmente para cada niño.

CAPÍTULO 7

Discapacidad intelectual

En la República Argentina, la Academia Argentina de Letras acepta el término "discapacitado" a raíz de una consulta formulada en 1972 y reiterada en 1977 por la Dirección Nacional de Rehabilitación. En grandes líneas se refiere a individuos con capacidades diferentes al común, según su ambiente, sexo y edad, y permite pensar en el desarrollo de las llamadas capacidades residuales o remanentes. Desde una mirada más técnica, una discapacidad es toda restricción o ausencia debido a una *deficiencia* de la capacidad para realizar una actividad en forma o dentro del margen que se considera esperable para un ser humano, conforme su edad y su ambiente.

Deficiencia es toda pérdida o anormalidad de una estructura o función psicológica, fisiológica o anatómica. Se refiere más a un concepto de carencia instrumental; en otras palabras, a una imposibilidad de ejecución de una función por ausencia total o parcial de la estructura sobre la que se basaba tal función.

Un concepto diferente es el de minusvalía. Se entiende por tal a una situación desventajosa para un individuo determinado, como consecuencia de una deficiencia que condiciona una discapacidad que limita o impide el desempeño de un rol que es esperable en su caso, en función de su edad, sexo y factores sociales y culturales. La minusvalía se caracteriza por una discordancia entre la actuación del individuo y las expectativas del grupo al que pertenece. La idea de minusvalía es por ello una construcción social, y representa las consecuencias que se derivan para el individuo por el hecho de tener deficiencias y discapacidades.

La comprensión de estos conceptos: deficiencia, discapacidad y minusvalía es fundamental para poder interpretar la situación de la persona. Así, por ejemplo, si una persona sufre una miopía, que es una deficiencia, pero gracias al uso de gafas adecuadas, tal deficiencia no le impide realizar ninguna actividad en su vida cotidiana, esta persona padecerá una deficiencia, pero no una discapacidad. Si esta misma persona, a pesar de utilizar gafas adecuadas, no pudiera ver con normalidad, presentaría una discapacidad (en este caso visual). Ahora bien, si su discapacidad visual afecta sus posibilidades de integración social, laboral, académica, etc., y en consecuencia se ve imposibilitada de desarrollar el rol propio del entorno social y cultural en el que vive, entonces, esta persona presentará una minusvalía basada en la discapacidad visual que determina su deficiencia.[28]

La Asociación Americana de Discapacidades Intelectuales y del Desarrollo (AAIDD), antes conocida como la Asociación Americana de Retraso Mental (AAMR), en su 11ª edición del año 2010, caracteriza a la discapacidad intelectual por: "...limitaciones significativas tanto en funcionamiento intelectual, como en conducta adaptativa, tal y como se ha manifestado en habilidades adaptativas, conceptuales y prácticas. Esta discapacidad se origina antes de los 18 años".

---

28 *Máster* Europeo en Atención a Necesidades Educativas Especiales en Educación Infantil y Primaria (2012). *Manual teórico "Cuidador de discapacitados físicos y psíquicos"*. España: Euroinnova Editorial.

Esta definición va acompañada de unas premisas que clarifican el concepto:

1. Las limitaciones en el funcionamiento presente deben considerarse en el contexto de ambientes comunitarios típicos de los iguales en edad y cultura.

2. Una evaluación válida ha de tener en cuenta la diversidad cultural y lingüística, así como las diferencias en comunicación y en aspectos sensoriales, motores y conductuales.

3. En una persona, las limitaciones coexisten habitualmente con capacidades.

En el año 1992, la Asociación Americana sobre Retraso Mental (AARM) propuso una primera definición, alejándose de una concepción del retraso como rasgo del individuo para plantear una concepción basada en la interacción de la persona y el contexto (Verdugo, 1994). La principal aportación de aquella definición consistió en modificar el modo en que profesionales, familiares, investigadores, y las personas en general, conciben esa categoría diagnóstica, alejándose de identificarla exclusivamente como una característica del individuo para entenderla como un estado de funcionamiento de la persona.[29]

A lo largo de los años transcurridos se han producido avances significativos en esa concepción, y esos cambios proceden tanto de la experiencia acumulada en la aplicación de la propuesta hecha entonces como de las aportaciones de la investigación. Esto es lo que ha llevado a la AAIDD (AARM) a publicar una revisión sustancial de los conceptos iniciales. La elaboración de una nueva propuesta ha sido llevada a cabo por el Comité de Terminología y Clasificación de la AARM, coordinado por Ruth Luckasson. Con este nuevo paradigma lo que ahora se pretende es:

---

29 Verdugo Alonso, M. Á. (2003). "Análisis de la definición de discapacidad intelectual de la Asociación Americana sobre Retraso Mental de 2002". En *Revista Siglo Cero - Revista Española sobre Discapacidad Intelectual*. (Vol. 34 (1), Núm. 205 1).

~ Operacionalizar con mayor claridad la naturaleza multidimensional del retraso mental.

~ Presentar directrices de buenas prácticas para diagnosticar, clasificar y planificar apoyos.

De la anterior concepción se van a mantener características importantes como el propio término de retraso mental, la orientación funcional y el énfasis en los apoyos, los tres criterios diagnósticos (inteligencia, conducta adaptativa y edad de comienzo), entre otras cuestiones. La principal novedad de la propuesta de 2002 se centra en ofrecer un nuevo modelo teórico que agrega una dimensión más: participación, interacciones y roles sociales. Otras características son la mayor precisión en la medición de la inteligencia y la conducta adaptativa, organizada en torno a las habilidades conceptuales, sociales y prácticas del individuo.

¿Discapacidad intelectual o retraso mental?

Incluimos en este libro un capítulo sobre discapacidad intelectual dado que existe una marcada relación entre este trastorno y autismo. Es más, en la práctica aún hoy surgen confusiones respecto de una adecuada diferenciación entre ambos cuadros.

La discapacidad intelectual debe concebirse hoy desde un enfoque que considere a la persona discapacitada como a cualquier otro individuo de nuestra sociedad. Entre las recomendaciones que parecen más claras está la de reducir el uso de la etiqueta diagnóstica a los niveles en que es estrictamente necesaria para establecer las ayudas a la persona.

Antes de que el término "discapacidad intelectual" fuera oficializado por el DSM V, muchos países europeos ya lo utilizaban, y fue la IASSID (International Association for the Scientific Study of Intellectual Disabilities) la asociación internacional que ya lo había incluido en su propia denominación, habiendo sido también la misma AARM la que cambió su denominación a Asociación Americana de Discapacidades Intelectuales y del Desarrollo (AAIDD).

La discapacidad intelectual se considera uno de los trastornos del neurodesarrollo, debido a que aparecen deficiencias en las funciones intelectuales y en el comportamiento adaptativo en sus dominios conceptual, práctico o social. Estas deficiencias tienen como consecuencia una limitación del funcionamiento del sujeto en uno o más **ámbitos** vitales, a menos que se cuente con apoyos específicos.

Un propósito importante de la descripción de limitaciones es el desarrollo de un perfil de necesidades de apoyo. Si se mantienen apoyos personalizados apropiados durante un largo período, el funcionamiento en la vida de la persona con discapacidad intelectual generalmente mejorará. Este enfoque concibe la discapacidad como el ajuste entre las capacidades de la persona, el contexto en que esta funciona y los apoyos necesarios. En consecuencia, el funcionamiento intelectual está relacionado con las dimensiones que se detallan a continuación.

Dimensiones de la discapacidad intelectual

Las cinco dimensiones en el planteamiento del concepto de discapacidad intelectual son las siguientes:

~ Dimensión I: habilidades intelectuales.

~ Dimensión II: conducta adaptativa (conceptual, social y práctica).

~ Dimensión III: participación, interacciones y roles sociales.

~ Dimensión IV: salud (salud física, salud mental, etiología).

~ Dimensión V: contexto (ambientes y cultura).

Dimensión I: habilidades intelectuales

La inteligencia se considera una capacidad mental general que permite "razonamiento, planificación, solucionar problemas, pensar de manera abstracta, comprender ideas complejas, aprender con rapidez y aprender de la experiencia" (Luckasson y cols., 2002)[30]. Este planteamiento tiene relación con el estado actual de la investigación, que nos dice que la mejor manera de explicar el funcionamiento intelectual es por un factor general de la inteligencia; y ese factor va más allá del rendimiento académico o la respuesta a los test, para referirse a una amplia y profunda capacidad para comprender el entorno.

Hay que tener en cuenta que la medición de la inteligencia tiene diferente relevancia según se haga con una finalidad diagnóstica o clasificadora. Además, las limitaciones en inteligencia deben ser consideradas junto a las otras cuatro dimensiones propuestas, pues por sí solas son un criterio necesario, pero no suficiente para el diagnóstico.

A pesar de sus limitaciones, se considera al cociente intelectual (CI) como la mejor representación del funcionamiento intelectual de la persona. Es esencial que el CI se obtenga con instrumentos apropiados de evaluación, que estén estandarizados en la población general. El criterio para diagnosticar discapacidad intelectual en el funcionamiento de un individuo continúa siendo el de "dos desviaciones típicas por debajo de la media".

En OPPROSE utilizamos la prueba de Wechsler como herramienta para la determinación del CI, considerando que esta herramienta nos provee de datos numéricos dentro de un intervalo de confianza, para los cocientes intelectuales de escala completa, verbal y de ejecución, y para los índices de función cognitiva: de comprensión verbal, de velocidad de procesamiento, de orientación perceptual y de ausencia de distractibilidad (para la versión III de la mencionada prueba).

---

30 Luckasson, R., Borthwick-Duffy S., Buntinx, W. H. E., Coulter, D. L., Craig, E. M., Reeve, A., Schalock, R. L., Snell, M. E., Spitalnik, D. M., Spreat, S. y Tassé, M. J. (2002). *Mental retardation. Definition, classification, and systems of supports* (10th ed.). Washington DC: American Association on Mental Retardation. [Traducción al castellano de M. Á. Verdugo y C. Jenaro (en prensa). Madrid: Alianza Editorial].

Dimensión II: conducta adaptativa (habilidades conceptuales, sociales y prácticas)

La conducta adaptativa se entiende como "el conjunto de habilidades conceptuales, sociales y prácticas aprendidas por las personas para funcionar en su vida diaria" (Luckasson y cols., 2002). Las limitaciones en la conducta adaptativa afectan tanto a la vida diaria como a la habilidad para responder a los cambios en la vida y a las demandas ambientales. Las habilidades conceptuales, sociales y prácticas que permiten en el individuo el desarrollo de conductas adaptativas satisfactorias son:

Habilidades conceptuales	Habilidades sociales	Habilidades prácticas
~ Lenguaje (receptivo y expresivo).	~ Interpersonal.	~ Actividades de la vida diaria.
~ Lectura y escritura.	~ Responsabilidad.	~ Comida.
~ Conceptos de dinero.	~ Autoestima.	~ Transferencia / movilidad.
~ Autodirección.	~ Credulidad (probabilidad de ser engañado o manipulado).	~ Aseo y vestido.
	~ Ingenuidad.	~ Actividades instrumentales de la vida diaria.
	~ Sigue las reglas.	~ Preparación de comidas.
	~ Obedece las leyes.	~ Mantenimiento de la casa.
	~ Evita la victimización.	~ Transporte.
		~ Toma de medicinas.
		~ Manejo del dinero.
		~ Uso del teléfono.

Las limitaciones en habilidades de adaptación coexisten a menudo con capacidades en otras áreas, por lo cual la evaluación debe realizarse de manera diferencial en distintos aspectos de la conducta adaptativa. Además, las limitaciones o capacidades del individuo deben examinarse en el contexto de comunidades y ambientes culturales típicos de la edad de sus iguales y ligado a las necesidades individuales de apoyos. Asimismo, estas habilidades deben considerarse en relación con las otras dimensiones de análisis propuestas, y tendrán diferente relevancia según se estén considerando para diagnóstico, clasificación o planificación de apoyos.

A diferencia del planteamiento clínico poco definido que se hacía en la propuesta de 1992 para desarrollar la evaluación de esta dimensión, ahora se especifica con claridad que para diagnosticar limitaciones significativas en la conducta adaptativa se debe hacer "por medio del uso de medidas estandarizadas con baremos de la población general, incluyendo personas con y sin discapacidad" (Luckasson y cols., 2002). Y el criterio para considerar significativas esas limitaciones, al igual que al evaluar la inteligencia, debe ser el de dos desviaciones típicas por debajo de la media.

La AARM propone una serie de instrumentos con propiedades psicométricas suficientes para evaluar esta dimensión: Escala de Conducta Adaptativa, Escala de Vineland, Escalas de Conducta Independiente de Bruininks, Test Comprensivo de Conducta Adaptativa de Adams. Todas estas pruebas se encuentran en la actualidad únicamente desarrolladas en idioma inglés. De lo que sí disponemos en castellano es de algunas publicaciones de gran interés y ayuda para evaluar esta dimensión con vistas a la planificación de los apoyos. Entre ellas destaca el Inventario de destrezas adaptativas (CALS) (Morreau, Bruininks y Montero, 2002) y el Currículo de destrezas adaptativas (ALSC)[31] (Gilman, Morreau, Bruininks, Anderson, Montero y Unamunzaga, 2002). El CALS es un sistema de evaluación criterial de destrezas adaptativas, y su principal utilidad es para la planificación de programas individuales, mientras que el ALSC consiste en un currículo de enseñanza de habilidades de adaptación.

---

31 Gilman, C. J., Morreau, L. E., Bruininks, R. H., Anderson, J. L., Montero, D. y Unamunzaga, E. (2002). *Currículum de destrezas adaptativas (ALSC)*. Bilbao: Ediciones Mensajero.

Dimensión III: participación, interacciones y roles sociales

Esta nueva dimensión es uno de los aspectos más relevantes de la definición de 2002. Resalta su similitud con la propuesta realizada, en 2001, por la Organización Mundial de la Salud (OMS) en la Clasificación Internacional del Funcionamiento, de la Discapacidad y de la Salud (CIF). La OMS en esa propuesta plantea como alternativa a los conceptos de deficiencia, discapacidad y minusvalía los de discapacidad, actividad y participación, dirigidos a conocer el funcionamiento del individuo y clasificar sus competencias y limitaciones. Por tanto, en ambos sistemas resalta el destacado papel que se presta a analizar las oportunidades y restricciones que tiene el individuo para participar en la vida de la comunidad.

Mientras que las otras dimensiones se centran en aspectos personales o ambientales, en este caso el análisis se dirige a evaluar las interacciones con los demás y el rol social desempeñado, y destaca así la importancia que se concede a estos aspectos en relación con la vida de la persona. La participación se evalúa por medio de la observación directa de las interacciones del individuo con su mundo material y social en las actividades diarias. Un funcionamiento adaptativo del comportamiento de la persona se da en la medida en que está activamente involucrada —asistiendo a, interaccionando con, participando en— con su ambiente. Los roles sociales se refieren a un conjunto de actividades valoradas como normales para un grupo específico de edad. Y pueden referirse a aspectos personales, escolares, laborales, comunitarios, de ocio, espirituales o de otro tipo.

Tanto la falta de recursos y servicios comunitarios como la existencia de barreras físicas y sociales pueden limitar significativamente la participación y las interacciones de las personas. Y es esta falta de oportunidades la que más se puede relacionar con la dificultad para desempeñar un rol social valorado.

Dimensión IV: salud (salud física, salud mental y factores etiológicos)

En el sistema de la AARM de 1992 se había propuesto una dimensión sobre consideraciones psicológicas y emocionales para diferenciar la psicopatología de la concepción de comportamiento adaptativo. Si bien esta diferenciación fue un buen paso adelante, se había criticado la limitación de esa propuesta desde una "perspectiva excesivamente psicopatologizadora en la cual se destacan únicamente los problemas de comportamiento y la posible psicopatología de los individuos", proponiendo que esa dimensión "debe extender sus planteamientos hacia la inclusión de aspectos no patológicos del bienestar emocional".

La AARM incluye ahora esta nueva dimensión de salud para dar respuesta integrada desde una perspectiva de bienestar a estos aspectos criticados, basándose en el concepto de salud ya propuesto por la OMS en 1980.

La definición histórica de salud —hoy caduca desde las modernas concepciones de la salud pública— la entiende como un "estado de completo bienestar físico, mental y social". El funcionamiento humano está influido por cualquier condición que altere su salud física o mental; por eso cualquiera de las otras dimensiones propuestas queda influenciada por estos aspectos.

Asimismo, los efectos de la salud física y mental sobre el funcionamiento de la persona pueden oscilar desde muy facilitadores a muy inhibidores. Por otro lado, los ambientes también determinan el grado en que la persona puede funcionar y participar, y pueden crear peligros actuales o potenciales en el individuo, o pueden fracasar en proporcionar la protección y apoyos apropiados.

La preocupación por la salud de los individuos con discapacidad intelectual se basa en que pueden tener dificultad para reconocer problemas físicos y de salud mental, en gestionar su atención en el sistema de salud o en la atención a su salud mental, en comunicar los síntomas y sentimientos, y en la comprensión de los planes de tratamiento. En la actualidad algunas concepciones inherentes a la salud la plantean como el producto de la ejecución de la conducta de un individuo o del grupo social al que pertenece. Hablan entonces de salud conductual.

El término fue empleado en el primer Forum sobre Medicina Comportamental, con el propósito de acentuar más las áreas de mantenimiento y prevención de la salud.

Matarazzo (1980) ha definido la salud conductual como "un campo interdisciplinario cuyo fin es la promoción de aquella filosofía de la salud que estimula la responsabilidad individual hacia la aplicación de los conocimientos y técnicas derivadas de las ciencias médicas y conductuales para la prevención de las enfermedades y disfunciones y para el mantenimiento de la salud a través de la iniciativa individual y de las actividades sociales".

La medicina conductual plantea la dependencia entre el concepto de salud y el término de conducta. Es más, considera que la salud o es salud comportamental o no es nada. Si antes se definía a la enfermedad en función de la patología, ahora, la salud se define en función de la conducta (Polaino-Lorente, 1987).[32]

Por otro lado, la etiología se plantea con una concepción factorial compuesta por cuatro categorías de factores de riesgo: biomédico, social, comportamental y educativo. Estos factores interactúan en el tiempo tanto en la vida del individuo como a través de las generaciones de padre a hijo. Sin embargo, la propuesta de la AARM se queda muy corta en su desarrollo, al centrarse simplemente en ubicar en esta dimensión los problemas de salud mental y formular una propuesta general del concepto de salud de la OMS.

Los enfoques más recientes sobre calidad de vida (Schalock y Verdugo, 2002) y las investigaciones procedentes de la Psicología clínica cognitiva y comportamental de los últimos años pueden

---

32 Polaino-Lorente, A. (1987). *Educación para la salud*. Barcelona: Editorial Herder.

servir como punto de partida para avanzar en el desarrollo de instrumentos y planes dirigidos a mejorar los apoyos en los aspectos emocionales.

Dimensión V: contexto (ambientes y cultura)

Esta dimensión describe las condiciones interrelacionadas en las cuales las personas viven diariamente. Se plantea desde una perspectiva ecológica que cuenta al menos con tres niveles diferentes:

a. *Microsistema: el espacio social inmediato, que incluye a la persona, familia y a otras personas próximas.*

b. *Mesosistema: la vecindad, comunidad y organizaciones que proporcionan servicios educativos o de habilitación o apoyos.*

c. *Macrosistema: los patrones generales de la cultura, sociedad, grandes grupos de población, países o influencias sociopolíticas.*

Los distintos ambientes que se incluyen en los tres niveles pueden proporcionar oportunidades y fomentar el bienestar de las personas. Los ambientes integrados educativos, laborales, de vivienda y de ocio favorecen el crecimiento y desarrollo de las personas. En esta dimensión no solamente hay que atender a los ambientes en los que la persona se desenvuelve, sino también a la cultura, pues muchos valores y asunciones sobre la conducta están afectados por ella.

En este sentido, se puede destacar nuestra relación con la naturaleza, nuestro sentido del tiempo y orientación temporal, las relaciones que tenemos con los demás, nuestro sentido del yo, el uso de la riqueza, el estilo personal de pensamiento y la provisión de apoyos formales e informales.

Como modelo de funcionamiento incluye los contextos en los cuales las personas funcionan e interactúan a diferentes niveles del sistema. Por lo que se puede decir que la definición propuesta requiere un enfoque multidimensional y ecológico que refleje la interacción de la persona con sus ambientes, así como los resultados referidos a la persona en esa interacción vinculados con la independencia, relaciones, contribuciones, participación educativa y comunitaria y bienestar personal.

Profundidad de la discapacidad intelectual

El Manual Diagnóstico y Estadístico de la Asociación Americana de Psiquiatría (DSM V) propone una clasificación del trastorno del desarrollo intelectual en función de la gravedad, medida según el funcionamiento adaptativo, ya que este es el que determina el nivel de apoyos requeridos. Distingue entre discapacidad intelectual leve, moderada, grave y profunda.

En la tabla de escala de gravedad de la discapacidad intelectual, el DSM V no propone una cuantificación según el cociente intelectual. Existen otras escalas, como la que propone el mismo David Wechsler, que relaciona discapacidad intelectual con cociente intelectual. Debemos dejar en claro que, dada la multidimensionalidad actual del concepto, la cuantificación por cociente intelectual solo constituye un dato más para la consideración de la profundidad del cuadro.

Discapacidad intelectual leve

La discapacidad intelectual leve incluye a los individuos cuyo CI se sitúa por debajo de 75-70 con un error de medida de aproximadamente 5 puntos y hasta 50-55.

Respecto de ese tramo límite por arriba, en el DSM-5 se indica que se podría diagnosticar discapacidad leve con un cociente intelectual entre 70 y 75 solo si existe déficit significativo en conductas adaptativas, pero no cuando no exista.

Las personas con discapacidad intelectual leve constituyen un 85% de los casos de discapacidad intelectual. Por lo general, suelen presentar ligeros déficits sensoriales y/o motores, adquieren habilidades sociales y comunicativas en la etapa de educación infantil, y los aprendizajes instrumentales básicos en la etapa de educación primaria, por lo que se los considera "educables".

En niños de edad preescolar puede no haber diferencias manifiestas, pero en niños de edad escolar y en adultos existen dificultades en el aprendizaje de aptitudes académicas relativas a la lectura, la escritura, la aritmética, el tiempo o el dinero, y se necesita ayuda en uno o más campos para cumplir las expectativas relacionadas con la edad.

Discapacidad intelectual moderada

La discapacidad intelectual moderada equivale a la categoría pedagógica de "adiestrable". Incluye a las personas con un cociente intelectual entre 55/50 y 40/35. En estos casos, la conducta adaptativa suele verse afectada en todas las áreas del desarrollo. Suponen alrededor del 10% de toda la población con discapacidad intelectual.

El alumnado con este tipo de discapacidad suele desarrollar habilidades comunicativas durante los primeros años de la infancia, y durante la escolarización puede llegar a adquirir parcialmente los aprendizajes instrumentales básicos. Suelen aprender a trasladarse de forma autónoma por lugares que les resulten familiares, atender a su cuidado personal con cierta supervisión y beneficiarse del entrenamiento en habilidades sociales.

Discapacidad intelectual grave

En estas personas el cociente intelectual se sitúa en el intervalo entre 35/40 y 20/25 y supone el 3% al 4% del total de la discapacidad intelectual.

Las adquisiciones de lenguaje en los primeros años suelen ser escasas y a lo largo de la escolarización pueden aprender a hablar o a emplear algún método de comunicación alternativo. No adquirirán los aprendizaje básicos escolarizados, por lo que no aprenderán a leer y escribir o aritmética elemental. La conducta adaptativa está muy afectada en todas las áreas del desarrollo, pero es posible el aprendizaje de habilidades elementales de cuidado personal.

La mayoría de estas personas presenta una lesión neurológica que explica la discapacidad, la confluencia con otras —de ahí el término pluridiscapacidad que aquí se le asocia— y la gran diversidad que se da dentro del grupo. Por este motivo, el ámbito de atención prioritario es de la salud física.

El cociente intelectual se ubica por debajo de 20/25 y supone el 1–2% del total de la discapacidad intelectual. Suelen presentar limitado nivel de conciencia y desarrollo emocional, nula o escasa intencionalidad comunicativa, ausencia de habla y graves dificultades motrices. El nivel de autonomía no existe o es extremadamente reducido.

Tratamiento de la discapacidad intelectual en niños

Las dificultades en este tipo de niños se entienden como generalizadas. Esto afectaría en mayor o menor medida, según la profundidad del cuadro, a todas las capacidades: autonomía, lenguaje, interacción social, motricidad... Es por ello necesaria una evaluación inicial que permita detectar las carencias del alumno y, por tanto, precisar las necesidades específicas de ayuda. Todo ello para poder planificar las adecuaciones curriculares y configurar adecuadamente la intervención.

Esta modalidad de intervención es habitual en OPPROSE. Cada informe diagnóstico, que suele ser completo, extenso y técnico, va acompañado por sugerencias de adecuaciones curriculares para el docente del niño.

La respuesta educativa debe ser acorde a las dificultades de aprendizaje que vayan emergiendo en el proceso de la dinámica escolar. La especificación de los elementos del proceso educativo nos irá facilitando las dificultades de este, considerando, además, que la integración social es lo que permite el desenvolvimiento autónomo.

Además de las adecuaciones curriculares propiamente dichas y de acceso que deben disponerse para mejorar la competencia social y potenciar la capacidad cognitiva de estos niños, todo niño con discapacidad intelectual debiera ser incorporado precozmente a un programa de estimulación temprana para prevenir o disminuir la gravedad de la discapacidad resultante de una posible injuria perinatal y recibir apoyo de un equipo interdisciplinario.

El apoyo y el asesoramiento de la familia son cruciales.

En cuanto se confirma o se sospecha firmemente la discapacidad intelectual, debe informarse a los padres y dedicar mucho tiempo a discutir las causas, los efectos, el pronóstico, la educación y el entrenamiento del niño.[33]

El equipo interdisciplinario que atienda a un niño autista debiera estar integrado por un neurólogo o pediatra especializados en desarrollo y conducta, terapeutas físicos y ocupacionales, neuroterapeutas, logopeda, nutricionista, asistente social, psicopedagogo y psicólogo conductual.

El asesoramiento genético puede ayudar a las parejas de alto

---

33 Sulkes, S. B. (2018). *Discapacidad intelectual*. Golisano Children's Hospital at Strong, University of Rochester School of Medicine and Dentistry. Disponible en https://www.msdmanuals.com/es/professional/pediatr%C3%ADa/trastornos-del-aprendizaje-y-del-desarrollo/discapacidad-intelectual

riesgo a comprender los posibles riesgos. Si un hijo presenta discapacidad intelectual, la evaluación de la etiología puede suministrar a la familia la información adecuada sobre el riesgo para futuros embarazos. Las pruebas prenatales pueden indicarse en parejas de alto riesgo que deciden tener hijos.

Los estudios complementarios que pueden ser utilizados para la detección precoz de anomalías durante la gestación, además de los estudios tradicionales de control, incluyen:

1. Amniocentesis o biopsia de las vellosidades coriónicas.

   La amniocentesis o la biopsia de vellosidades coriónicas permiten detectar alteraciones metabólicas y cromosómicas hereditarias, estados de portador y malformaciones del SNC. La amniocentesis puede considerarse en todas las embarazadas mayores de 35 años y en mujeres con antecedentes familiares de trastornos metabólicos hereditarios.

2. La determinación de alfafetoproteína sérica materna es una prueba de detección sistemática **útil** en defectos del tubo neural, síndrome de Down y otras anomalías.

3. Detección sistemática prenatal no invasiva a través de métodos de cribado que permiten identificar diferentes anomalías cromosómicas y genéticas.

CAPÍTULO 8

Trastornos del espectro de autismo

La manera como es visto el autismo ha cambiado desde las primeras descripciones que hizo Leo Kanner en 1943 a las modernas concepciones actuales. Así, pasó de ser considerado como un trastorno intratable concerniente a alteraciones estrictamente cerebrales a una disfuncionalidad del sistema nervioso, acompañado de otros trastornos orgánicos que afectan diferentes sistemas como el inmunológico o el tracto digestivo.

Hoy el polimorfismo genético del trastorno de espectro de autismo está más asociado a la variabilidad clínica del cuadro y a la presencia de comorbilidades (otras enfermedades coincidentes presentes en el paciente). Precisamente estas comorbilidades se observan en alrededor del 70% de los pacientes con autismo, y las más frecuentes son: epilepsias

*en el 30% y problemas gastrointestinales en un porcentaje variable que,
según la fuente, oscila entre el 9% y el 70% de los casos.*[34]

Otras comorbilidades involucran al sistema inmunológico del
paciente en un 38% de los casos, hiperactividad y trastornos en
el sueño (entre un 50% a 80% de los casos).

Hoy el autismo es un grave problema de salud pública que no es reconocido como tal.

Planteamos que se trata de un problema de salud pública por
cuanto:

~ *El incremento de la frecuencia de aparición de casos ha sido realmente exponencial en los últimos años, y no solo en Argentina, sino en otros países de América y Europa.*

~ *Este incremento generará a mediano plazo una masa de población con un grado variable de discapacidad intelectual, que conlleva una carga social que deberá ser atendida por el Estado.*

~ *La falta de uniformidad en cuanto a criterios diagnósticos y terapéuticos, la multiplicidad de interpretaciones en cuanto a la causalidad y mecanismo de producción del trastorno y el desconocimiento generalizado en la sociedad, que además le otorga un estigma social al trastorno, determinan que los esfuerzos para la atención y el tratamiento del cuadro no sean efectivos.*

~ *Factores asociados a aspectos digestivos, nutricionales, autoinmunes, infecciosos y de contaminación ambiental presentes en la etiolo-*

---

34 Wasilewska, J. y Klukowski, M. (2015). "Gastrointestinal symptoms and autism spectrum disorder: links and risks - a possible new overlap syndrome". En *Pediatric Health, Medicine and Therapeutics*. 6: 153-166. Bialystok, Poland: Department of Pediatrics, Gastroenterology and Allergology, Medical University of Bialystok.

gía y patogenia del autismo no son relacionados hoy como causales directas del cuadro, y no existen controles sanitarios en este aspecto.

~ *La presencia de agentes bacterianos y micóticos (hongos) en el determinismo de la lesión intestinal del autismo hoy está comprobado; sin embargo, no existen controles estadísticos referidos a, por ejemplo, diseminación del agente. Tampoco está incorporada alguna prueba específica en los controles obstétricos habituales.*

~ *Debiera plantearse desde las autoridades sanitarias un protocolo diagnóstico que, con criterio científico, uniforme procedimientos diagnósticos y terapéuticos. Ese protocolo hoy no existe.*

Desde nuestra experiencia en OPPROSE, hemos visto cómo la incidencia de los casos de niños con TEA se ha incrementado de manera exponencial. Hace unos 10 años era ocasional el ingreso de un niño con TEA en nuestro centro. Hoy, el 20% de nuestros pacientes presenta semiología compatible. Es cierto que en los últimos años hemos aprendido mucho más y tenemos mejores herramientas diagnósticas, pero la diferencia cuantitativa es demasiado grande como para asumir que tal incremento sea consecuencia únicamente de un mayor conocimiento del tema.

La incidencia del ASD (siglas inglesas de TEA) está en aumento en el mundo en los años recientes. Estudios epidemiológicos en los Estados Unidos de América indican que, en el año 1978, 1/10.000 niños y adolescentes fueron diagnosticados con autismo. En 1998 el índice fue de 1/250 niños de entre 3 y 10 años. Y en el año 2007 la incidencia era de 1/150 niños a la edad de 8 años. La prevalencia de autismo en el año 2010 de acuerdo con los últimos datos provenientes del Center for Disease Control and Prevention (Centro de Control y Prevención de Enfermedades) fue de 1/68 niños. La mayor incidencia es encontrada en varones (4:1). Las razones de esta prevalencia aún no están claras.[35]

---

35 The Centers for Disease Control and Prevention (CDC). Autism spectrum disorder prevalence [database on the Internet], 2014. Disponible en: http://www.cdc.gov/media/releases/2014/p0327-autism-spectrum-disorder.html.

Hasta el DSM IV – TR el trastorno autista se incluía en una denominación más abarcativa como Trastorno Generalizado del Desarrollo. En esta clasificación no solo se incluía el autismo, sino también otros cuadros como el trastorno de Rett, el trastorno desintegrativo infantil, el trastorno de Asperger y el trastorno generalizado del desarrollo no especificado.

A partir del año 2013, con la aparición del DSM V todas las entidades clínicas mencionadas quedan incluidas bajo la denominación de trastornos de espectro autista. Y estos, a su vez, dentro del gran capítulo de los trastornos del neurodesarrollo.

Qué preguntar ante la sospecha de un niño con autismo

Las 20 preguntas que no podemos dejar de formular

A continuación, proponemos al lector una serie de preguntas cuyas respuestas resulta importante conocer y valorar ante la sospecha de la presencia de un niño con trastornos del neurodesarrollo, y muy especialmente de espectro de autismo. Adjunto a la pregunta, desarrollamos una breve explicación de su interpretación.

Estas preguntas integran el protocolo de admisión que formulamos a cada niño que ingresa a OPPROSE.

1

¿Cuánto duró el embarazo de su hijo/a?
Preferentemente expresado en semanas

La valoración de Capurro es un score básico que nos permite conocer con exactitud la edad gestacional del niño. Considérese que en casos de niños nacidos antes de las 38 semanas o después de las 41 semanas se incrementan estadísticamente los riesgos de trastornos del neurodesarrollo.

2

Su hijo nació mediante...
a) Parto en un centro asistencial
b) Parto en su domicilio
c) Fórceps
d) Cesárea programada
e) Cesárea de urgencia

La forma en que nació su hijo es determinante de las posibilidades de riesgos perinatológicos. Una cesárea de urgencia o un parto forcipal son indicadores de que existieron en el momento de nacimiento factores de riesgo elevados para la salud del feto. En no pocas ocasiones se observan signos de sufrimiento fetal como el cambio en el color del líquido amniótico o modificaciones del ritmo cardíaco que se detectan con monitoreo fetal previo al nacimiento.

3

¿Cuánto pesó su hijo al nacer?
¿Cuál fue su perímetro cefálico?

El peso de nacimiento es un indicador fundamental del crecimiento intrauterino. Se lo debe relacionar siempre con la edad gestacional. Un niño con bajo peso para la edad gestacional (BPEG) es un niño con mayor riesgo de presentar complicaciones posteriores al nacimiento. El perímetro cefálico -tomado con un centímetro alrededor de la cabeza del recién nacido- es una medida de suma importancia que los neonatólogos registran al momento del nacimiento. Puede ser indicador de alguna enfermedad que afectará el neurodesarrollo infantil, como macrocefalia y microcefalia.

4

¿Llegó al momento del nacimiento con saco amniótico íntegro o "rompió bolsa" antes?

La ruptura del saco amniótico anterior al momento del nacimiento del niño, conocida como rotura prematura de membranas (RPM), es un factor de riesgo para la adquisición de infecciones en el niño.

5

¿Recuerda el color del líquido amniótico?

El líquido amniótico normal debe ser claro -conocido como cristal de roca- El líquido amniótico oscuro –liquido amniótico meconial- es indicador de sufrimiento fetal.

6

¿Sufrió la madre durante el embarazo golpes en el abdomen? ¿Se sacó una radiografía sin saber que estaba embarazada?

La exposición fetal a traumatismos intencionales o accidentales; y a radiaciones ionizantes, pueden afectar el neurodesarrollo del feto.

7

¿Cuántas veces visitó a su obstetra antes del nacimiento de su niño?

El control adecuado del embarazo es fundamental para conocer la evolución del mismo, y prevenir cualquier situación de riesgo que pudiere plantearse. Un embarazo adecuadamente controlado es aquel con 5 o más controles obstétricos

8

¿Se alimentó bien durante el embarazo? ¿Cuánto aumentó de peso durante el em-barazo? ¿Recibió ácido fólico durante el embarazo?

La correcta alimentación de la madre es fundamental para el adecuado desarrollo del feto. Un incremento de peso materno inferior a 6 kilogramos es un indicador de insuficiente alimentación durante la gesta.
El aporte de ácido fólico favorece los mecanismos de neurodesarrollo en el feto.

9	**¿Tuvo aumento de presión arterial durante el embarazo?**	*La hipertensión arterial gestacional es un factor de riesgo reconocido que puede llegar a poner en juego la vida del niño y de la madre. Los niños nacidos de madres hipertensas tienen mayores probabilidades de presentar trastornos del neurodesarrollo.*
10	**¿Tuvo infección urinaria? ¿Cómo fue tratada? ¿Tuvo contracciones antes de tiempo? ¿Tuvo antes o después hemorragia genital?**	*La infección urinaria es frecuente durante el embarazo, y se suele acompañar con contracciones uterinas. Si el cuadro no es controlado puede llevar a una amenaza de aborto, cuadro que requiere reposo estricto y medicación adecuada. Cualquier amenaza de aborto pone en riesgo la continuidad del embarazo y el desarrollo del feto.*
11	**¿Tuvo modificaciones en el flujo vaginal durante el embarazo? ¿Debió utilizar óvulos vaginales?**	*Las modificaciones del flujo deben ser tratadas mediante óvulos vaginales indicados por el médico que controla el embarazo. La presencia de algunos "agentes" especialmente hongos y bacterias pueden terminar contaminando el canal del parto, y en consecuencia al recién nacido, si este nace por vía baja. Algunos hongos como la cándida albicans está indicada como contaminante de la vía digestiva del recién nacido, y favorecedor de los cambios que están en la base de muchos niños con autismo.*
12	**Toxicidades ¿Ingirió con regularidad bebidas alcohólicas durante el embarazo? ¿Fumó durante el embarazo?**	*El consumo habitual de tóxicos como el alcohol y drogas de adicción afectan el neurodesarrollo. Hemos visto en OPPROSE a niños con trastornos del neurodesarrollo, nacidos de un embarazo bajo efecto de marihuana, cocaína y otras drogas.*

**¿Consumió drogas de
adicción o psicotrópicos
sin control durante
el embarazo?**

*El tabaquismo durante el embarazo
puede afectar la presión de oxígeno
a través de la placenta, con lo que
se produce un retraso en el crecimiento intrauterino, y en la maduración de funciones biológicas. Esto
puede condicionar en el recién nacido una ictericia importante
Drogas de adicción como la cocaína
y el cannabis afectan directamente el desarrollo neurológico del feto.
En nuestra experiencia en OPPRO-
SE hemos atendido niños con trastornos de neurodesarrollo, hijo de
un embarazo bajo efecto de drogas
de adicción. En estos casos hemos
comprobado que los pronósticos de
estos niños suelen ser malos.*

13 **¿Cuál fue el APGAR de
nacimiento de su niño?**

*La calificación de APGAR que debe
ser registrada por ley en todo nacimiento institucionalizado, es un
marcador de vitalidad fetal que se
toma al primer minuto de vida y a
los cinco minutos de vida. La calificación normal es 9/10. Calificacio-
nes menores, especialmente por
debajo de 6 son indicadores de depresión neonatal. A menor calificación mayor depresión, en consecuencia, mayor riesgo para el neurodesarrollo del niño.*

14 **¿En los primeros días
de vida su hijo presentó
complicaciones respira-
torias?
¿Obligaron esas compli-
caciones a colocar al ni-
ño en oxigenoterapia o en
asistencia respiratoria
mecánica?**

*Las complicaciones respiratorias
en los primeros días de vida pueden condicionar una hipoxia generalizada en el recién nacido, la que
implica modificaciones en el medio
interno del niño y menor aporte de
oxígeno al cerebro.*

15

**Durante los primeros
28 días de vida...
¿Presentó el niño color
amarillento de piel
y mucosas?**

La coloración amarillenta de piel
y mucosas conocida como ictericia suele transcurrir sin mayores
complicaciones, y habitualmente el
médico aconseja exponer al niño a
la luz solar. Esto es debido a que la
exposición a emisión ultravioleta
actúa desdoblando químicamente
la bilirrubina indirecta incrementada en la sangre del niño, y responsable de su coloración
Sin embargo, en otras oportunidades, especialmente en niños nacidos con bajo peso para la edad gestacional e inmadurez del hígado, la
bilirrubina indirecta suele aumentar notablemente llegando a valores hasta 20 veces superiores a los
valores normales esperados. En
esas circunstancias, el tratamiento
de urgencia puede ser la exangui-
notransfusión (cambio de sangre).
De no hacerlo se corre el riesgo
que la bilirrubina indirecta en exceso se deposite en los ganglios de
la base del cerebro generando un
cuadro neurológico conocido como
"kernicterus". Una de las posibles
consecuencias del kernicterus es la
discapacidad intelectual leve a moderada.

**Durante los primeros
2 meses de vida...
¿debió recibir tratamiento
antibiótico parenteral con
la combinación
ampicilina- gentamicina...?**

*Es común que niños nacidos de
pretérmino y prematuros, sean más
susceptibles a adquirir infecciones
(sepsis) en los primeros días de vida. Uno de los esquemas de combinación antibiótica clásicos son el de
ampicilina + gentamicina. El riesgo
de este esquema terapéutico es que
la gentamicina suele producir afectación definitiva de la audición del
niño en diferente grado. Como se
comprenderá, si bien esta situación
no es determinante de un Trastorno
de espectro autista, puede empeorar las dificultades de comunicación y lenguaje de estos niños.*

**Durante el segundo
semestre de vida...
¿Observó Ud. que el
niño presenta flexiones del
cuerpo, a veces asociados a
pequeños quejidos o gritos?
¿Observó Ud. que el niño
presentara episodios de
flaccidez corporal
llamativos?**

*Si la familia observa alguna de es-
tas características en el niño, debe
consultar de inmediato al médico.
A la edad de 8 meses aproximadamente suelen aparecer las primeras manifestaciones de algunas
epilepsias infantiles que deben ser
tratadas de inmediato para evitar
que terminen generando deterioro
intelectual definitivo.*

**Durante los primeros
15 meses de vida del niño,
¿presentó cuadros
respiratorios a repetición
(bronquiolitis,
broncoespasmos)?**

*Es habitual encontrar en el histo-
rial de estos niños episodios reite-
rados de procesos respiratorios de
tipo bronquiolitis, bronquitis y broncoespasmos con afectación venti-
latoria.
Una forma fácil de evaluar de manera retrospectiva en la anamnesis,
la gravedad de la bronquiolitis es
preguntando a la madre
¿Podía comer mientras estaba con
bronquiolitis?
¿podía dormir mientras estaba con
bronquiolitis?*

La bronquiolitis leve permite al niño la ingesta (generalmente lactancia) y el dormir. La bronquiolitis moderada le impide lactar adecuadamente pero no dormir. La bronquiolitis grave le impide al niño lactar y dormir.

19

Presentó diarreas asociadas a tratamientos antibióticos —habitualmente amoxicilina— o a la ingesta selectiva de algún tipo de alimentos

La susceptibilidad de la biota microbiana intestinal a ciertos antibióticos es bastante característica de los niños autistas. Esta sensibilidad afecta el equilibrio de la flora bacteriana intestinal favoreciendo el desarrollo de gérmenes oportunista como la cándida albicans. Esto lleva al cuadro de incremento anormal de la permeabilidad intestinal característico en el intestino del autista.

20

¿Tuvo episodios de erupciones blanquecinas (como llagas) en la mucosa interior de la boca, en la lengua, que debieron ser topicadas con bicarbonato (habitualmente) o Nistatina (idealmente)?

La contaminación con cándida oportunista que el niño adquiere en el momento del nacimiento y que determina la afectación de la permeabilidad digestiva, en ocasiones puede manifestarse como erupciones orales, y linguales de color blanquecino conocidas como "muguet". El muguet no es otra cosa que la manifestación de la presencia de cándidas en la vía digestiva.

Psicodesarrollo infantil y autismo

Entre el nacimiento y los 9 meses

En el historial de un niño con TEA los primeros 9 meses son de aparente normalidad. Según Dolz y Alcantud (2002), el único rasgo que podría llamar la atención de sus padres es el de una tranquilidad expresiva que no siempre es constante.

En cuanto al desarrollo pragmático, el niño se encuentra en fase perlocutiva del lenguaje, lo que significa que la interacción que realiza el niño tiene efectos sobre otros individuos.

Precisamente, la génesis de la comunicación y el lenguaje es la capacidad de contagiarse de los estados emocionales del otro mediante conductas complejas de contacto visual, imitación, vocalización, movimientos de manos, brazos; lo que se conoce como "relación de intersubjetividad primaria". Como se mencionó más arriba, estas conductas son en buena medida consecuencia de la funcionalidad de las neuronas espejo que fallan en los niños autistas.

INTERSUBJETIVIDAD PRIMARIA

INTERRELACIÓN DIÁDICA

MADRE - HIJO

En torno a los 6 meses el niño y su madre ya han establecido una interacción diádica (Hayes, 1984). Los mecanismos en los que en esta etapa se expresa esa interacción son:

<table>
<tr>
<td>

**Interacción
cara a cara**

La madre dirige su
atención y mirada
hacia el rostro del
niño, gesticula y emite
sonidos frente a él
reclamando al mismo
tiempo su atención
y sus respuestas.
El niño responde
inicialmente de forma
indiscriminada y
gradualmente más
direccional.

</td>
<td>

**Conductas
de apego**

A esta edad el
contacto materno
constituye el apego
que genera en el niño
mayor tranquilidad.
La preferencia por
la proximidad de
la madre frente a
otros se inicia muy
temprano y se hace
evidente hacia los 8
meses en la "crisis
ante extraños".

</td>
<td>

**Conductas
de imitación**

Contribuye al
desarrollo de la
comprensión de uno
mismo y de los otros,
constituyendo por
sí misma un acto
comunicativo y de
intercambio social.

</td>
</tr>
</table>

Las anomalías en esta fase, si es que están presentes, son muy sutiles y no suelen ser reconocidas por los padres e incluso son difícilmente detectadas por los profesionales. La no fijación de la mirada, la falta de apego a personas y objetos cotidianos del niño y la ausencia de conductas de imitación, si bien son comportamientos esperables en la semiología de un niño autista, no siempre están presentes. En muchos casos estas conductas de intersubjetividad primaria pueden haberse establecido aun en edades tempranas, y luego haberse perdido. Más que un elemento predictor del cuadro, el conocimiento de estas manifestaciones nos sirve para evaluar el nivel de retroceso o pérdida de pautas madurativas que ha sufrido el niño. Precisamente la escala IDEA (Inventario de Espectro Autista) de Ángel Rivière, tal vez la mejor herramienta para la determinación de las características y profundidad clínica de un niño autista, toma en cuenta estos mecanismos dentro de sus primeras cuatro cuestiones.

Entre los 9 y 18 meses

Son muchos los investigadores (Bertenthal y Campos, 1990; Ende, 1976) que consideran que hacia los nueve meses se produce una transición fundamental en el desarrollo del niño. Muchos de los cambios que se producen en la conducta del niño normal a esa edad implican inicios rudimentarios de "función ejecutiva" (Diamond y Gilbert, 1989).

Los estudios de tomografías por emisión de positrones en bebés sugieren que hay zonas de los lóbulos frontales que se van haciendo funcionales en ese período. (Chugani, 1994). Recuérdese que los lóbulos frontales del cerebro constituyen el sustrato biológico de las praxias, son los que nos permiten actuar sobre el mundo. Por otro lado, la adquisición y el perfeccionamiento de estas funciones están relacionados con la mielinización del sector anterior del cerebro, que se produce durante los primeros años de la vida.

Las pautas de comunicación intencionada, destinadas a cambiar el mundo físico (protoimperativos) o a cambiar el mental (protodeclarativos) se establecen de forma nítida a lo largo de este período, y deben ser ya muy evidentes en su segunda parte: entre los 12 y los 18 meses.

Hacia finales del primer año de vida el niño amplía su ámbito de interacción interesándose por los objetos o sucesos de su entorno, integrando tales objetos y fenómenos a la interacción cara a cara ya consolidada. La incorporación de los objetos del entorno implica un tipo de interacción más compleja, triádica, conocida como intersubjetividad secundaria, dentro de la cual empieza a reconocer a los otros como agentes intencionales diferenciándolos de los objetos.

INTERSUBJETIVIDAD SECUNDARIA

INTERRELACIÓN TRIÁDICA

MADRE – HIJO - ENTORNO

En esta etapa aparece la comunicación intencionada y las acciones adquieren un sentido propositivo, lo que da origen al inicio de la función ejecutiva. Como se explicó más arriba, las funciones ejecutivas posibilitarán el establecimiento de pautas de atención sostenida, y resultan de la activación de áreas frontales del cerebro.

El niño manifiesta conductas de apertura hacia la mente de los otros con las cuales intenta aprender el modo de ver el mundo y uso de los objetos por los demás, así como su reacción a los sucesos que tienen lugar en su entorno. Las pautas de comunicación intencionada, destinadas a cambiar el mundo físico o a cambiar el mundo mental, se establecen a lo largo de este período y deben ser muy evidentes entre los 12 y los 18 meses. En esa fase comienza claramente a desarrollarse, en el niño normal, un "segundo sistema de atención" (Ruth Rothbart, 1996).

Las conductas características de esta etapa son:

1. Conductas de atención conjunta.

2. Conductas de referencia social.

3. Conductas de acción conjunta.

Conductas de atención conjunta

Amy Wetherby y Barry Prizant (1993)[36], quienes proponen un interesante cuestionario de 24 ítems sobre las conductas esperables en los niños autistas entre los 6 y 24 meses de edad, definen las pautas sostenidas de atención como "aquellos actos encaminados a dirigir la atención del otro con intención de compartir con personas o hechos". Tomasello (1995) define la atención conjunta como un hecho social en el que dos personas están haciendo caso a algo o alguien al mismo tiempo.

Un niño con desarrollo normal atiende a las expresiones y hechos de su entorno, siendo capaz de señalar o dirigir la mirada hacia objetos de su interés, o atender acciones que los otros pueden desarrollar para llamar su atención. Y gracias a estas manifestaciones de atención conjunta va adquiriendo experiencia y "engramando" sus propios aprendizajes respecto de las normas de intercambio en su entorno inmediato, por lo general su núcleo parental.

En un niño con autismo estas conductas, si es que estuvieron presentes en su desarrollo previo, se pierden rápidamente. Este hecho es uno de los primeros signos de alarma que atienden los padres.

Conductas de referencia social

Así como en las conductas de atención conjunta es el niño el que atiende las expresiones del entorno que llaman su atención, en las denominadas conductas de referencia social el niño solicita la atención del adulto con el objeto de compartir su experiencia, buscando la referencia del adulto ante situaciones nuevas y reconociendo al otro como alguien ajeno que puede ver, interesarse y compartir su punto de vista.

---

36 Wetherby, A. M. y Prizant, B. M. (2002). *CSBS DP Manual: Communication and Symbolic Behavior Scales Developmental Profile*. Baltimore, Md.: Paul H. Brookes Publishing Co.

A través de esta interacción el niño intenta saber qué sentir y cómo actuar ante situaciones, basando su interpretación personal de un suceso en la conducta de otros; por tanto, es una estrategia poderosa para los niños que han de aprender cómo comportarse y cómo regular sus emociones, aunque requiere de receptividad y entendimiento de los mensajes emocionales de los otros para llegar a formar su propio entendimiento de la situación.

Conductas de acción conjunta

El niño ejecuta gestos y actúa buscando dirigir la atención de los demás con el objeto de lograr un objetivo, observando las reacciones del adulto a su demanda de atención o actuación, solicitando y consiguiendo, además de su atención, ayuda o aprobación ante nuevas situaciones. En esta conducta es el niño el que inicia la búsqueda de atención, tras lo cual reclama o espera la acción del adulto. El cuadro siguiente resume los conceptos referidos a las pautas de intersubjetividad secundaria.

Conductas deatención conjunta	**Conductas de referencia social**	**Conductas de acción conjunta**
El niño atiende los objetos y las acciones de su entorno.	El niño solicita la atención del adulto para entender actos y sentimientos de otros.	El niño solicita la atención y espera la acción del adulto.

Es en esta etapa donde los padres comienzan a observar comportamientos que les llaman la atención, por lo general sobre la base de comparaciones con otros niños de la misma edad. Suelen manifestar que el niño "venía bien" y de pronto "se detuvo". En algunas ocasiones expresan que comenzó a retroceder y perdió pautas madurativas que había adquirido.

En esta etapa comienza a observarse la ausencia de conductas de interacción social como las de referencia social y acción conjunta. Suelen aparecer conductas inflexibles o ritualizadas. Los logros comunicacionales como el lenguaje, si es que se presentaron, comienzan a mermar.

Aunque son capaces de desear y responder a peticiones, no disponen de habilidad para comunicar o compartir sus experiencias (Snow, Hertzog, Shapiro, 1987; Yirmiya, Kasari, Sigman y Mundy, 1989). Se llega a poner de manifiesto que a pesar de mostrar expresiones faciales de afecto positivo o negativo, estas son difíciles de reconocer por los demás.[37]

Después de los 18 meses

Cambios psicológicos y neurológicos en esta edad llevan al niño normal a desarrollar una inteligencia de representación y con ello el afianzamiento del lenguaje. Por otra parte, el niño empieza a expresar emociones propias como vergüenza ante determinadas situaciones de su entorno. Afianza, además, sus capacidades dependientes del control ejecutivo.

En niños con trastorno del neurodesarrollo, esas pautas madurativas no se consolidan, y para los padres se hacen más evidentes las carencias, especialmente en el área de comunicación y lenguaje. Se acentúa la falta de respuesta al contacto ocular, la ausencia de conductas de acción conjunta y de referencia social.

...es cuando aparecen prototípicamente manifestaciones claras del autismo clásico de Kanner como para llevar a los padres a preocuparse.

En los últimos meses del segundo año, es frecuente que los niños autistas "se alejen" rápidamente de las relaciones, expresen con claridad su dificultad para desarrollar las capacidades de lenguaje, simboliza-

---

37 *Máster Europeo en Atención a Necesidades Educativas Especiales en Educación Infantil y* Primaria (2015). *Intervención psicoeducativa en autismo.* Material de formación del Máster. España: Euroinnova Editorial.

ción, ficción e intersubjetividad compleja que desarrollan los niños normales en ese momento. En muchos casos, resulta evidente la imposición de un patrón de sordera aparente y de silencio expresivo en el niño. También de falta de respuesta al contacto ocular y de iniciativa de contacto. Por su parte, muchos niños con retraso y rasgos autistas, que ya presentaban desde antes anomalías evidentes en sus pautas sociales, las demuestran aún con más claridad en el segundo semestre del segundo año.

Para cuando llegan los 18 meses, el cuadro de autismo ya puede ser muy evidente en una serie de indicadores. En su importante estudio sobre los marcadores psicológicos que permiten detectar el autismo en niños de 18 meses, Baron y Cohen (1997) señalaron tres indicadores claves, que aparecen en el CHAT, un instrumento de detección precoz del autismo en contextos de screening. *Los tres indicadores son: la ausencia de gestos comunicativos, la falta de miradas de atención conjunta y la carencia de juego de ficción.*[38]

A partir de los 2 años y más allá, hacia los 3 o 4 años, se comienzan a consolidar las alteraciones que terminarán conformando la semiología propia del autismo. Siguiendo a Rivière, podemos mencionar:

~ *Elevación de los umbrales de atención y de respuesta a estímulos sensoriales. Es característico en estos niños el alto grado de dispersión e imposibilidad de sostener una misma actividad en el tiempo. Además, suelen tener una alta sensibilidad ante ruidos extremos, como los ruidos en la calle, el tañido de la campana o el chirrido del timbre en la escuela. Es bastante común observar que estos niños suelen taparse las orejas o expresar su molestia ante esos estímulos a través de gritos o llantos. Precisamente este argumento se ha utilizado para justificar la prohibición o limitación del uso de pirotecnia en los festejos de fin de año en algunos municipios del Gran Buenos Aires.*

~ *Limitación importante de las pautas de acción, atención y referencia conjunta.*

---

38 Rivière, Á. y Martos, J. (comp.) (2000). *El niño pequeño con autismo.* Madrid, España: APNA - Asociación de Padres de Niños Autistas.

~ *Ausencia del empleo comunicativo de la mirada para regular situaciones de interacción.*

~ *Ausencia de iniciativas de compartir experiencias.*

~ *Ausencia de pautas de ficción y metarrepresentación. El juego en estos niños es repetitivo y esquemático. Es común ver en los niños autistas cómo ordenan autos de juguete siempre en un mismo orden o ejecutan siempre las mismas acciones jugando con una muñeca, por ejemplo. Hemos visto en estos niños la obsesión por acomodar los útiles escolares sobre un pupitre siempre de la misma manera.*

~ *Núcleo disfásico receptivo, que puede ser paradójicamente "selectivo" en la comprensión del lenguaje.*

~ *Propensión para ignorar a los iguales.*

~ *Presencia de pautas motoras repetitivas (estereotipias motoras), las cuales además suelen manifestar ante situaciones que los excitan. Solemos ver cómo es común el "aleteo de manos" al expresar su alegría cuando los felicitamos por su desempeño en el gabinete.*

~ *Lenguaje expresivo ausente o funcionalmente muy limitado.*

~ *Manifiesta oposición a cambios ambientales como las modificaciones físicas en el ambiente (cambiar la disposición espacial de los muebles) o de rutinas incorporadas (modificar la trayectoria habitual en el camino a la escuela).*

Manifestaciones clínicas del autismo

Los trastornos del espectro autista presentan síntomas que afectan diferentes capacidades, como son:

~ *La socialización.*

~ *La comunicación.*

~ *El comportamiento.*

~ *Las capacidades de anticipación y flexibilización.*

~ *La simbolización.*

Los trastornos de la socialización

Entendemos por socialización el proceso por el cual un niño incorpora los patrones socioculturales presentes en su ambiente, con el fin de adaptar su comportamiento a las pautas imperantes en su sociedad.

El síntoma más típico del autismo es la falta de reciprocidad en la relación social.

Es como si la realidad del autista pasara únicamente por el mundo físico visible y audible, el que podrá resultarle placentero o no; sensaciones estas que no podrá compartir con el resto de las personas. Estas deficiencias en la interacción social se manifiestan como ausencia o limitaciones en la reciprocidad emocional. Otras manifestaciones van desde anomalías del contacto visual —muy frecuente en los niños autistas— y del lenguaje corporal, o deficiencias de la comprensión y el uso de gestos, hasta una falta total de expresión facial y de comunicación no verbal.

Las deficiencias en el desarrollo, mantenimiento y comprensión de las relaciones varían desde dificultades para ajustar el comportamiento en diversos contextos sociales hasta la ausencia de interés por otras personas, lo que se interpreta como una carencia en las relaciones de apego.

En la medida en que el trastorno en la socialización sea más profundo, mayor será la inexistencia de conductas de acción conjunta; por ejemplo, intercambiar una pelota con otra persona. La ausencia de conductas de atención conjunta no le permitirá al niño autista dirigir movimientos de orientación visual que alternen entre un individuo y un objeto de su interés.

Precisamente en niños con trastorno de Kanner (autismo profundo), intentamos en OPPROSE, mediante diversas técnicas, que el niño logre establecer este vínculo de intersubjetividad secundaria. En los casos menos profundos es probable que estas pautas de intersubjetividad secundaria estén establecidas, y se manifieste solo una ausencia de las referencias de preocupaciones conjuntas por las cuales el niño es incapaz de conocer y conversar sobre temas que resulten de interés a la otra persona.

Los trastornos en la comunicación

La habilidad para adquirir un lenguaje es una característica esencialmente humana. Ya estudiamos, al hacer referencia a las áreas de Broca y Wernicke, que en el cerebro existe una base anatómica y funcional que nos permite hablar y comprender el lenguaje.

Una cronología adecuada en el logro de las habilidades lingüísticas constituye la base para la maduración de las funciones de comunicación, de integración social y, más adelante, la adquisición de la lectoescritura. Precisamente la adquisición progresiva de las capacidades de representación de la realidad mediante signos —como los lingüísticos— termina configurando el pensamiento.

La comunicación inicial en el niño

Podemos afirmar que la primera herramienta comunicativa del niño es su llanto, asociado generalmente a la satisfacción de sus necesidades primarias: hambre, sed, dolor, etc. Poco a poco va adquiriendo otras herramientas de intercambio como sonrisas, balbuceos, repetición de sonidos, etc.

El balbuceo es la primera etapa en la adquisición del lenguaje, que consiste en producir sonidos más o menos al azar. Durante este período, el bebé comienza a descubrir su entorno y a establecer sus primeras relaciones con él y las personas próximas. El niño aún no sabe expresarse conscientemente, pero ya comienza a mantener intercambios con los adultos. Se trata, por tanto, de un período crucial en su aprendizaje, porque comienzan a establecerse las reglas que rigen la comunicación.[39]

Durante esta etapa del balbuceo podemos identificar diversas fases en las que surgen las primeras vocales, las primeras entonaciones y palabras. Las vocalizaciones o prebalbuceo aparecen antes de los 3 meses. El balbuceo canónico —entre los 3 y los 7 meses— ocurre hacia el tercer mes de vida, en donde el niño comienza a emitir una amplia serie de sonidos, vocales y consonantes, algunos de ellos muy difíciles de repetir. Es la fase del balbuceo propiamente dicho.

En el balbuceo selectivo, entre los 8 y 10 meses, el bebé deja de pronunciar muchos de los sonidos que hasta ahora eran muy frecuentes, y cada vez los sonidos que pronuncia se parecen más a lenguaje. Esta fase de balbuceo selectivo podría considerarse ya una primera etapa lingüística, ya que comienza a seleccionar sonidos con intencionalidad comunicativa. Finalmente, el balbuceo residual aparece entre los 12 a 14 meses. En esta etapa el niño comienza a pronunciar palabras reconocibles. Esta adquisición le permite al niño cierta autonomía, mientras que va ensayando una fluidez lingüística que se expresa en parloteos a veces difíciles de interpretar por sus propios interlocutores habituales.

A partir de esta etapa el niño irá estructurando el lenguaje y desarrollando sus aptitudes comunicativas; será capaz de asociar el lenguaje no solo a los objetos de su entorno, sino que también podrá interpretar enunciados y órdenes, convirtiendo el mensaje en acción.

Otros autores diferencian dos tipos básicos de balbuceo más basados en la estructuración fonológica del sonido: el reduplicado, que consiste en una repetición de sílabas consonante-vocal,

---

39 Cantero Serena, F. J. (2001). "¿Los bebés hablan?". Disponible en https://www.researchgate.net/publication/284498560_Francisco_Jose_Cantero_Serena_2001_Los_bebes_hablan

produciendo a menudo el mismo par por mucho tiempo, y el no reduplicado, cuando el niño logra emitir cadenas de sílabas no repetidas.

Según Luria (1956), a este papel trascendente del balbuceo durante los primeros meses de vida como elemento comunicacional se le suma "la función autorreguladora de la conducta del lenguaje, la cual determina que el niño se plantee metas y busque medios para lograrlas de acuerdo con las categorías que el mundo lingüístico le ofrece, pudiendo abstraerse de lo concreto e inmediato. En esta etapa es cuando se desarrolla el sistema fonológico, el sistema léxico, el sistema morfo-sintáctico, las funciones pragmáticas y las aptitudes meta-lingüísticas".

No resulta extraño en el historial de un autista escuchar de sus padres la referencia de que el niño había ya adquirido cierto nivel de comunicación lingüística que luego fue perdiendo. Desde nuestra experiencia en OPPROSE, hemos visto niños con manifestaciones de TEA que no avanzaron más allá de la etapa de balbuceo canónico, persistiendo en ellos dificultades formales de expresión y de comprensión; otros que ya se habían posicionado en la etapa lingüística y que progresivamente fueron perdiendo tales adquisiciones y acentuándose sus dificultades expresivas, pero con herramientas comprensivas residuales, mientras que otros alcanzaron un lenguaje fluido en tardías edades (5 o 6 años) y desarrollaron buenas actitudes comprensivas y expresivas del código oral, pero con claras alteraciones pragmáticas.

Lo cierto es que, de una manera u otra, el autista presenta habitualmente trastornos en las funciones comunicativas imperativas, como los actos de pedidos, y declarativas, como los actos de compartir una experiencia.

Lenguaje expresivo

El niño con TEA presenta ausencia o retraso en el desarrollo del lenguaje oral.

Cuando el lenguaje está presente, su adquisición suele seguir un curso diferente del habitual y pueden existir alteraciones en los diferentes aspectos del lenguaje; el más característico es el déficit en el lenguaje pragmático. Se postula que esta dificultad se debería a que el cerebro de los niños autistas procesa el habla de una manera diferente. Se ha observado en autistas sin lenguaje un patrón anormal de actividad en la corteza temporal superior que, como se explicó más arriba, se corresponde con las áreas auditivas primarias y secundarias.

> **Las ecolalias son comunes en estos niños y consisten en la repetición de un sonido que acaba de ser escuchado:**
> "Estás… estás… estás…"será la respuesta ecolálica luego de que alguien le haya dicho:"¡Hola! ¿Cómo estás?".

Esto sucede con más asiduidad en autistas con escaso desarrollo del lenguaje, cosa que va de la mano de una mayor profundidad del trastorno. Recordemos que en estos niños la realidad pasa por el mundo físico visible y audible, por lo que más que analizar el significado de las palabras se centran en su sonoridad. Es por eso que suelen repetir continuamente una misma idea, palabra o sonido. Esto explica también por qué es habitual que utilicen frases hechas para iniciar una conversación o que repitan frases que han escuchado a personas cercanas o en la televisión en situaciones en las que no tuvieron lugar.

Cuando el niño dispone, aunque sea rudimentariamente, del lenguaje como medio de comunicación, suele utilizarlo de manera unilateral sin esperar ni buscar reciprocidad en la conversación, ya sea porque la persona con TEA se limita a contestar preguntas de forma escueta, o porque su discurso se centra en un tema de su interés, tornándose monotemático, sin dar muestras de comprender la posible falta de interés del interlocutor.

Lenguaje comprensivo receptivo

En los primeros momentos del desarrollo solemos encontrarnos con una falta de respuesta hacia el lenguaje. Los niños con TEA suelen no responder cuando son llamados por su nombre y son los padres quienes identifican este aspecto como una primera señal de alarma.

Evolutivamente, estos niños pueden llegar más adelante a responder a consignas sencillas que no impliquen un análisis estructural del discurso escuchado, apoyándose en el contexto. En un nivel superior de adquisición de lenguaje, podemos encontrar niños autistas capaces de realizar tal análisis estructural, pero con un nivel de comprensión del discurso consistente en una interpretación literal de este.

Finalmente, debemos tener en claro que el grado de desarrollo del lenguaje en el niño autista irá de la mano del nivel intelectual que podrá alcanzar. Es por eso que en OPPROSE posponemos la implementación de sistemas aumentativos y alternativos de comunicación como pictogramas y PECS solo para los casos que, a pesar del tratamiento logopédico implementado, no han mostrado posibilidades de adquisición de un habla comunicativa.

Trastornos del comportamiento

Ya se expresó más arriba que los niños autistas presentan respuestas exageradas ante sonidos agudos o en alto volumen. Entre otras características comportamentales, es habitual que lo padres expresen que "no tienen miedo a nada", "no perciben los peligros".

> **El autista suele tener dificultad para expresar sus emociones.**

Cuanto más afectada se encuentre la comunicación, mayores serán las dificultades de pensamiento del niño. También su imaginación es limitada, lo que suele manifestarse por limitaciones en el juego. Tienen la mirada perdida, evitan el contacto con la vista, gritan sin causa, no tienen principio de realidad. El niño con autismo aprende de acuerdo con sus percepciones y sus intereses. En algunos casos estos niños adoptan actitudes autolesivas que pueden llegar a ser importantes y profundamente angustiantes para sus padres.

> **Los patrones conductuales son a menudo repetitivos y ritualizados.**

Pueden incluir apego a objetos inusuales. También son comunes los movimientos repetitivos, estereotipados. Hay a menudo una fuerte resistencia al cambio e insistencia en la igualdad. Incluso cambios menores en el entorno pueden causar un profundo malestar. Muchos niños con autismo, especialmente aquellos con mayor capacidad intelectual, desarrollan intereses específicos o preocupaciones con temas poco comunes.

Estos patrones de conducta, según algunas investigaciones, se explican más por las limitaciones adaptativas que por el trastorno en sí mismo, y esto estará determinado por la profundidad del cuadro y por la contención del mismo entorno del paciente.

Capacidades de anticipación y flexibilización

> Las personas con autismo suelen presentar ausencia de conductas anticipatorias y escasa flexibilización ante los cambios.

Esta característica se acentúa más cuanto mayor sea la profundidad del cuadro. En ocasiones los cambios de rutinas pueden generar verdaderas situaciones de angustia inhibitorias de la propia acción.

En los casos de menor afectación, nos encontramos con cierta capacidad para regular y planificar sus propios tiempos. No obstante, en cualquier caso presenta dificultades para manejar un futuro no inmediato y proyectarse en él.

Trastornos de la simbolización

> En cuanto a las competencias de ficción e imaginación, podemos observar en el niño autista diferentes conductas referidas a la capacidad de alcanzar y sostener un juego simbólico.

Habrá niños con ausencia total de juego funcional y simbólico; otros que alcanzarán a desarrollar un juego funcional aplicando al objeto una propiedad esperable, como hacer rodar un autito en el piso. En estos casos, si bien se establece un juego, este suele ser poco elaborado y repetitivo.

Finalmente, nos encontramos individuos que tienen capacidades complejas de ficción, pero que están muy centradas en un tema o personaje concreto, y que suelen constituirse en recursos de evasión de la realidad inmediata.

Desde niños con nula capacidad imitativa, otros con capacidades de imitación de movimientos muy simples, hasta algunos que son capaces de imitaciones espontáneas, pero sin la implicación intersubjetiva que cabría esperar.

Síndrome de Asperger y autismo de alta funcionalidad

Autismo de alto funcionamiento y síndrome de Asperger: ¿son sinónimos?

Hoy se acepta que existe una relación entre el síndrome de Asperger y el continuo del espectro autista. Pero, a la vez, existen diferencias con respecto a si ambos trastornos constituyen una misma entidad clínica, lo que sigue siendo motivo de discusión entre los distintos autores. El estatus nosológico del síndrome de Asperger como categoría diagnóstica independiente y diferente del autismo ha generado numerosos estudios y aportaciones de especialistas, sin que hasta el momento los datos sean completamente concluyentes. El síndrome de Asperger es un trastorno del desarrollo que se incluye dentro del espectro autista y que afecta la interacción social recíproca, la comunicación verbal y no verbal, manifiesta una resistencia para aceptar el cambio, inflexibilidad del pensamiento, así como poseer campos de interés estrechos y absorbentes.

Al comparar los criterios del trastorno autista y de Asperger se observa que entre ambos cuadros diagnósticos hay aspectos comunes y diferenciales. Los niños con síndrome de Asperger y con autismo de alta funcionalidad tienen un nivel de inteligencia normal o superior a la media, incluyendo conducta adaptativa.

Los niños con síndrome de Asperger, con mayor frecuencia que los que presentan autismo de alto funcionamiento, pueden presentar habilidades específicas en determinadas áreas. En cambio, otros aspectos, como la edad de comienzo y los déficits en las destrezas motoras, pueden marcar la diferencia entre estos dos trastornos.

Según Gillberg y Ehlers (1998), las discrepancias se centran en cuatro áreas:

Nivel del funcionamiento cognoscitivo

Síndrome de Asperger:
...mejores resultados en las escalas verbal, memoria verbal y percepción auditiva.
...mayores dificultades en habilidades no-verbales, integración viso-motora, percepción espacial, memoria visual, formación de conceptos no verbales y percepción de emociones.

Desarrollo del lenguaje

Síndrome de Asperger:

...es frecuente que se dé un retraso en la adquisición del lenguaje, y que este, una vez adquirido, sea concreto, literal y formalmente correcto o incluso "demasiado correcto y formal" (Rivière, 2001).
El lenguaje de los niños con síndrome de Asperger se lo define como...
...un habla pedante y escasamente modulada.
...habilidades conversacionales pobres, y sobre temas concretos.
...buen desarrollo de los aspectos formales y estructurales del lenguaje, pero fallan los aspectos comunicativos.
...suelen ser callados. Cuando inician conversaciones, estas se limitan a sus temas de interés.
...en ocasiones, excesivamente verborrágicos.
Desarrollo adecuado de los componentes formales del lenguaje durante la etapa de la infancia temprana.
Mayor facilidad para expresar ideas oralmente.

Autismo de alto funcionamiento:

~ *Dificultades en el desarrollo del lenguaje manifestadas en la etapa temprana de los tres primeros años de vida.*

~ *Retraso en el desarrollo del lenguaje.*

~ *Desviación marcada de las habilidades del lenguaje con respecto a las pautas del desarrollo normal.*

~ *Habilidades del lenguaje expresivo poco desarrolladas.*

~ *Ecolalia, intercambio erróneo de pronombres y lenguaje repetitivo son frecuentes.*

~ *Uso escaso de los patrones de entonación.*

Conductas de apego

En los niños con síndrome de Asperger se produce un proceso de apego a la figura materna más adecuado que en los niños con autismo de alta funcionalidad.

Identificando al Asperger

Al igual que en el autismo clásico…

…el síndrome de Asperger es un trastorno del desarrollo que se incluye dentro del espectro autista y que afecta la interacción social recíproca, la comunicación verbal y no verbal, una resistencia para aceptar el cambio e inflexibilidad del pensamiento…

A diferencia del autismo clásico…

…el síndrome de Asperger presenta campos de interés estrechos y absorbentes. Las personas con este síndrome suelen ser buenos en las habilidades de memoria (hechos, figuras, fechas, épocas, etc.); muchos sobresalen en matemáticas y ciencia. Hay un rango en la severidad de síntomas dentro del síndrome; el niño muy levemente afectado resulta a menudo no diagnosticado y puede apenas parecer raro o excéntrico. Tienen mayor tendencia a la interacción social, aunque encuentran dificultad en hacer amigos, ya que no entienden las pistas sutiles necesarias para esto y los dobles sentidos; ya que toman a menudo significados literales de lo que leen u oyen.

Las características dominantes del síndrome de Asperger son las que se expresan en el siguiente esquema:

INTERACCIÓN SOCIAL

Tienen habilidades sociales pobres. No pueden leer las señales sociales y no dan las respuestas sociales y emocionales adecuadas.

Suelen centrarse en los detalles pequeños y no pueden a menudo ver el cuadro total de lo que está sucediendo en determinada situación.

Su falta de habilidad social puede conducir a la frustración y a problemas de comportamiento. Encuentran el mundo como un lugar confuso.

COMUNICACIÓN

La adquisición del lenguaje (aprender a hablar) en algunos casos puede estar retrasada.

El lenguaje hablado puede a veces ser extraño en cuanto al acento, volumen, o excesivamente formal o hablar en un tono monótono.

Las metáforas, expresiones no literales y analogías tienen que ser explicadas, ya que los niños con el síndrome de Asperger tienden a hacer interpretaciones literales y concretas.

Hacen mucho uso de frases que han memorizado, aunque no suelen ser utilizadas en el contexto idóneo.

Algunos hablan incesantemente sobre un tema de su propio interés sin tener en cuenta el aburrimiento de quien lo escucha.

Parecen a menudo hablar "en presencia del interlocutor" más bien que "con el interlocutor", dando información más que manteniendo una conversación apropiada.

Pueden tener capacidades notables de la lectura y leer con fluidez, sin entender el significado de lo leído. Este signo es conocido como hiperlexia.

PREOCUPACIONES Y RANGOS ESTRECHOS DE INTERESES

Una de las marcas distintivas del síndrome de Asperger es la preocupación (u obsesión) del/la niño/a con ciertos asuntos, a menudo en los temas del transporte (trenes), computadoras, dinosaurios, mapas, etc. Estas preocupaciones, usualmente en áreas intelectuales, cambian generalmente en un cierto plazo, pero no en intensidad, y conducen quizá a la exclusión de otras actividades.

RUTINAS REPETITIVAS, RITUALES E INFLEXIBILIDAD

Se imponen rutinas rígidas a sí mismos y a quienes los rodean, desde cómo desean que se hagan las cosas hasta lo que comerán. Esto puede frustrar a todos los involucrados. Habitualmente, dichas rutinas las irán cambiando con el tiempo.

No pueden ver a menudo el foco de una historia o la conexión entre comenzar una tarea y cuál será el resultado.

Del hombre al reptil. Progresión en menos del autismo

Hace ya algunos años venimos observando cómo las fluctuaciones en los logros y pérdidas de funciones madurativas en niños con trastornos del neurodesarrollo, y especialmente del espectro de autismo, no son aleatorias, sino que se estructuran según ciertos patrones que van de menor a mayor complejidad para los logros –como es lógico de esperar– y de mayor a menor complejidad para las pérdidas.

En el historial de un niño autista –típicamente con desarrollo normal hasta una edad–, y que comienza a perder funciones a partir de un suceso desencadenante –un trastorno gastrointestinal, una enfermedad respiratoria con medicación antibiótica generadora de disbiosis intestinal u otras causas orgánicas–, regularmente las pérdidas van de los logros de mayor jerarquía (por ejemplo, el lenguaje) a los de menor jerarquía (por ejemplo, pautas de intersubjetividad primaria). Precisamente en el sentido inverso de la adquisición.

Ya estudiamos la cronología de logros que suele presentar un niño. Ese conocimiento nos permitirá conocer el grado de profundidad del trastorno, en función de la pérdida cualitativa de funciones.

Este esquema de pérdida y adquisición siguiendo un patrón previsible nos permite arriesgar una ruta de trabajo en las terapias a aplicar. Por ejemplo, en un niño con TEA que ha retrocedido a conductas de intersubjetividad primaria, pretender mediante un tratamiento fonológico lograr que recupere, aunque más no sea de manera parcial, el lenguaje expresivo constituye un error que no hace otra cosa que generar angustias en el niño y frustraciones en la familia y en el terapeuta. Es como pretender que un niño de edad cronológica de 3 años que ha perdido pautas madurativas, ubicándolo en adquisiciones propias de los 10 a 12 meses de vida, pretenda alcanzar un lenguaje expresivo propio de los 3 años, sin considerar sus disponibilidades neurobiológicas en ese momento.

Precisamente en el primer capítulo de este libro planteamos que en cualquier trastorno del neurodesarrollo la brecha entre crecimiento y maduración se incrementa. En consecuencia, pretender forzar adquisiciones sin considerar el sustrato biológico disponible es un procedimiento que va directamente al fracaso.

En el afán de tratar de explicar y dar sustento a nuestras observaciones, hemos recurrido al modelo del cerebro triuno con el objeto de intentar establecer una correspondencia entre conductas adquiridas o perdidas y las estructuras filogenéticas presentes en nuestro sistema nervioso que las determinan. Aunque popular entre psiquiatras, neurocientíficos y neuroeducadores, el modelo del cerebro triuno no es aceptado por investigadores en neuroanatomía evolutiva comparada.

Postulados básicos del cerebro triuno

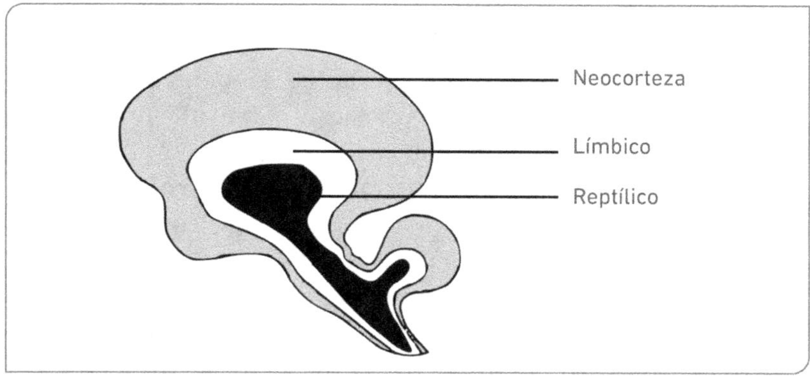

Paul MacLean, eminente científico norteamericano, propuso la teoría del cerebro triuno basado en la existencia de estructuras del encéfalo humano que reconocen diferentes edades filogenéticas. Según este autor, el cerebro humano estaría formado por un cerebro primitivo que él denominó "cerebro reptil" y que constituye la estructura más antigua. Un cerebro mamífero que lo recubre y regula funcionalmente sin que el primero pierda definitivamente su autonomía funcional, y un cerebro humano, por encima de los anteriores, que guarda las funciones mentales más desarrolladas como el lenguaje, el pensamiento y la capacidad de anticipación y planificación.

Complejo-R

El cerebro reptil o complejo-R, también conocido como "cerebro reptiliano", incluye el tronco del encéfalo o mesencéfalo y el cerebelo.

Se encarga de las funciones vitales asociadas a la preservación de la vida. En el ser humano las conductas instintivas y las respuestas abruptas generadas a partir de estímulos ambientales ponen de manifiesto la dominancia, al menos en ese momento, de la conducta reptil. Así, por ejemplo, las conductas de huida y las conductas motoras estereotipadas son manifestaciones del control reptil. En consecuencia, este cerebro no está en capacidad de pensar ni de sentir. Su función es la de actuar cuando el estado del organismo así lo demanda.

Esta área del cerebro controla las necesidades básicas y la reacción de "luchar o escapar", que acompañan al estrés o a la amenaza. El complejo reptiliano, en lo seres humanos, incluye conductas que se asemejan a los rituales animales como el anidarse o aparearse, pero también puede considerarse conducta reptiliana el ritual motor asociado a un suceso (aleteo, por ejemplo), la preservación del espacio como dominio territorial (falta de desarrollo de interacciones de acción recíproca), las conductas de huida (aislamiento del entorno). La conducta animal está en gran medida controlada por esta área del cerebro. Se trata de un tipo de conducta instintiva programada y poderosa.

Cuando hablo de este tema siempre menciono a mi vieja mascota tortuga. Ante un estímulo del medio que ella interpretaba como "peligroso", huía metiendo su cabeza dentro del caparazón. En otras ocasiones la he visto aumentar la velocidad de la marcha escapando de algún sitio... ¿Quién dijo que las tortugas caminan despacio? Conocía el camino para llegar a su comedero, y siempre seguía la misma ruta. Y si un obstáculo se interponía en su camino, por ejemplo, una piedra, no buscaba una ruta alternativa, sino que perseveraba aun a costa de tener que treparse por encima de la piedra obstructora. Claro está que ponía siempre manos a la obra y no se quejaba. Obviamente no expresaba emoción.

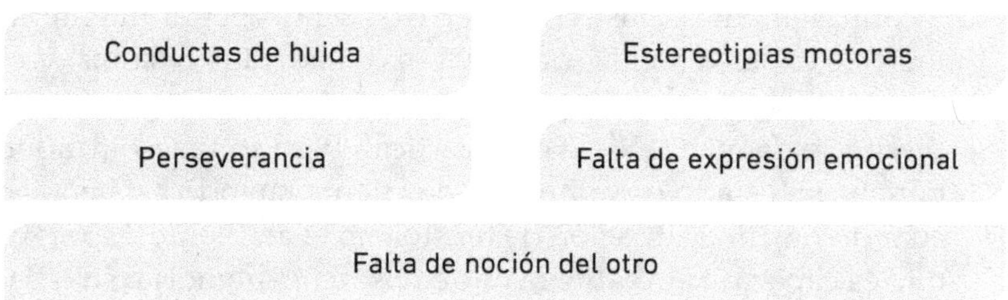

Esto significa que las conductas que observamos en niños autistas de desconexión del entorno —una forma de huir del entorno—, de falta de establecimiento de pautas de intersubjetividad primaria, como el intercambio y la fijación de la mirada, son conductas que revelan una base reptil dominante en la conducta del niño. Y precisamente ese posicionamiento es el que nos marca el punto de partida de la ruta terapéutica.

El cerebro mamífero-emocional

Por encima y recubriendo al cerebro reptil se encuentra el cerebro mamífero, representado por el sistema límbico, responsable de la respuesta emocional y sede de la memoria. Si bien en las aves se observan algunas conductas límbicas, fueron los mamíferos los que han dado un salto cualitativo en la evolución animal desarrollando capacidades afectivas, emotivas y de memorización.

Está formado por la amígdala, el hipocampo, hipotálamo (que mantiene la temperatura y el sentido de sed y hambre), hipófisis, tálamo (mensajes de los sentidos, prepara al organismo para reaccionar si percibe dolor, presión en la piel, etc.), parte superior del proceso reticular y el núcleo caudado.

Es el cerebro que expresa sentimientos de alegría o tristeza, energía o motivación. Responsable de los lazos sociales, sentimientos sexuales, emociones, memoria contextual, expresividad inmediata.

Simplemente piense en su perro o su gato. Seguramente el primero le expresa su alegría a través de ladridos o saltos; y el segundo lo hace a través de algún maullido, de frotarse contra sus piernas o de mantener la cola vertical. Pero su mascota, además, percibe su estado de ánimo, se da cuenta cuando está enojado o cuando hay una situación de tensión en el ambiente; eso significa que es capaz de empatizar. Y además tiene memoria: su mascota recuerda sucesos pasados.

Su mascota mamífero es capaz de acercarse a usted cuando necesita o quiere algo, demostrando sus capacidades de interacción social, y puede jugar cuando usted le da un objeto: por ejemplo, una pelota, y demostrar así que además domina pautas de intersubjetividad secundaria.

> El desarrollo emocional en el niño, la intencionalidad comunicativa, la empatía son expresiones del cerebro mamífero.

Por fin humanos...

Cubriendo el cerebro mamífero se halla el cerebro humano, representado por la corteza cerebral, la estructura encefálica filogenéticamente más moderna y responsable de la integración de la información y de los procesos terciarios y cuaternarios de aprendizaje.

Recordemos que llamamos procesos terciarios de aprendizaje a aquellos que implican una representación abstracta del mundo: el habla, la lectoescritura, el dibujo, la cardinalidad y ordinalidad numérica, los conocimientos matemáticos básicos, la interpretación de señales, etc. Los procesos cuaternarios son aquellos que permiten recrear cultura a partir del dominio de los procesos terciarios.

> La corteza humana es la sede del lenguaje y de las capacidades de representación y programación que diferencian al hombre de las otras especies animales que pueblan este planeta. El lenguaje expresivo, comprensivo y pragmático, así como las capacidades de planificación, anticipación e interpretación de la realidad son típicas manifestaciones humanas.

En síntesis...

> El cerebro reptil es el cerebro instintivo, reactivo ante los estímulos del medio.
>
> El cerebro mamífero es el cerebro emocional y el que incluye las conductas asociadas a los afectos y la memoria.
>
> El cerebro humano es el cerebro gnóstico analizador y el que incluye las estructuras que interpretan los procesos terciarios y ejecutan los procesos cuaternarios de aprendizaje, que son eminentemente humanos.

Esta postulación nos permite posicionarnos en el nivel de retroceso del niño cuando llega a la entrevista inicial o de admisión. Si conocemos el dominio podremos planificar las acciones a realizar para alcanzar la progresión deseada en su recuperación. En palabras más simples, si el niño ha retrocedido a conductas propias del complejo-R, en vano sería que nos propusiéramos iniciar una terapia tendiente a alcanzar logros humanos, sin haber pasado por el cerebro emocional y afianzado sus propiedades.

CAPÍTULO 9

Programas
de intervención en autismo

Ya hemos estudiado que el autismo afecta de manera global al individuo comprometiendo distintas funciones como la inteligencia, la socialización y la comunicación. En consecuencia, cualquier intervención deberá contemplar todas estas variables.

Un programa de intervención debe basarse en un plan de acción intensivo que tenga en cuenta las necesidades y los puntos fuertes del niño, sus posibilidades reales.

Para ello, es necesario una etapa diagnóstica de aproximación al y conocimiento del niño, evaluándose, como se dijo más arriba, el punto de retroceso de pautas madurativas en que lo encontramos al inicio del programa. En este programa ocupan un lugar fundamental la familia y la escuela.

La familia de un niño con autismo requiere de atención psicológica que le brinde orientación adecuada y permita sobrellevar la situación. En OPPROSE solemos ver cómo la confirmación del diagnóstico —habitualmente sospechado por los padres— genera en ellos una situación harto angustiante, de pérdida del sueño del hijo anhelado, normal y feliz, y de desesperanza. Es por ello que desde el inicio de la atención brindamos acompañamiento psicológico a la familia, a sabiendas de que, si la familia no puede superar ese duelo provocado por la pérdida del "hijo soñado", termina perdiéndose el paciente.

Y, con ello, la posibilidad de recuperación del niño.

Sí, porque el autismo tiene recuperación posible si las terapias abordan las verdaderas causalidades del trastorno. El eje terapéutico de un niño con estas características pasa por:

~ *Atención nutricional y dietoterapia específica.*

~ *Estimulación sensorial y cognitiva.*

~ *Apoyo psicológico a los padres del niño.*

Solo en una segunda etapa, cuando el niño ha manifestado intencionalidad comunicativa, incorporamos la terapia logopédica. Y, de manera permanente, el control por neurología infantil.

Intervención precoz en los TEA

Ya estudiamos que las dificultades que presentan las personas con autismo comienzan a aparecer en una fase temprana, cuando empiezan a desarrollarse algunas funciones cerebrales superiores, como la capacidad de comprender a los demás como personas dotadas de mente, funciones de comunicación y lenguaje y flexibilidad cognitiva. En otros trastornos del neurodesarrollo como los asociados a dificultades en la lectoescritura y el cálculo, suele suceder lo mismo; solo que en estos casos las manifestaciones son más tardías y se hacen manifiestas cuando el niño ingresa a la escuela y debe ejercitar procesos terciarios de aprendizaje.

La atención temprana de los niños con autismo debe orientar su intervención sobre el niño, su familia y el entorno. Se sabe, además, que la intervención intensiva y temprana mejora el pronóstico de estos niños.

Los programas de intervención, aunque existen diferentes aproximaciones según su orientación conceptual, están dirigidos a potenciar las diferentes áreas del desarrollo del niño, fomentando no solo una mayor independencia en las actividades de la vida diaria, sino tendiendo a que el niño desarrolle al máximo de sus posibilidades sus aptitudes cognitivas.

En la implementación terapéutica en OPPROSE, conforme los puntos detallados en el título anterior, logramos "conectar" al niño en 2 a 3 meses, y ese es el punto de partida para intervenir satisfactoriamente sobre sus dominios cognitivos, comunicacionales y sociales.

De todas maneras, no podemos perder de vista que los TEA representan un diagnóstico complejo, que aglutina un conjunto amplio de manifestaciones de forma que cada intervención puede hacer hincapié en mejorar unos síntomas y no otros.

No obstante, se proponen algunos principios de intervención que deben ser comunes a todas las terapias; a saber:

~ Entrada precoz en el programa, sin esperar un diagnóstico definitivo.

~ Intervención intensiva, el mayor número de horas que el niño pueda recibir según sus características.

~ Terapias individualizadas tendientes a obtener objetivos personalizados.

~ Inclusión de la familia en el tratamiento.

~ Oportunidades de interacción con niños sin problemas de su misma edad.

~ Medición periódica de los progresos expresados como conductas observables.

~ Alto grado de estructuración con elementos como una rutina predecible, programas de actividades visuales y límites físicos para evitar la distracción.

~ Estrategias para la generalización y perpetuación de las actividades aprendidas.

~ Uso de un programa basado en la evaluación que promueva:

   a. *Comunicación funcional y espontánea.*

   b. *Habilidades sociales (atención conjunta, imitación, interacción recíproca, iniciativa y autocuidado).*

   c. *Habilidades funcionales adaptativas para alcanzar mayor responsabilidad e independencia (por ejemplo, manejo del dinero).*

   d. *Reducción de las conductas disruptivas.*

   e. *Habilidades cognitivas, como entrenamiento en juego simbólico.*

Clasificación de los modelos de intervención

Dentro de la gran diversidad de modelos de intervención, podemos seguir la siguiente clasificación:

Intervenciones psicodinámicas

Parten de la interpretación obsoleta del autismo como daño emocional secundario a la falta de desarrollo de un vínculo estrecho del niño con los progenitores, especialmente la madre. No existe evidencia de que el autismo tenga una causa psicológica y los tratamientos psicoanalíticos no han demostrado evidencia en estudios rigurosos de investigación

Intervenciones biomédicas

Se han hecho diversos intentos por tratar los síntomas nucleares del autismo a través de medicaciones o modificaciones en la dieta. Si bien desde la bibliografía clásica no se refieren evidencias de mejoría, desde nuestra experiencia en OPPROSE afirmamos que una terapia que combine neuroestimulación sensorial y dietoterapia específica logra reducir las manifestaciones clínicas del cuadro y sostiene la recuperación progresiva de las habilidades perdidas.

En cuanto a la medicación, si bien no existe un tratamiento médico para el autismo, muchas drogas pueden ser utilizadas para tratar las manifestaciones sintomáticas y las comorbilidades presentes en el niño autista, como epilepsia, trastornos de conducta o alteraciones en el sueño.

En cuanto a la terapia nutricional, en OPPROSE desde hace ya un lustro funciona un servicio de orientación nutricional para el aprendizaje que, luego de recibir un informe del estado metabólico orgánico del niño, sugiere a la familia una dieta adecuada al trastorno que presenta el niño y a las carencias que dicho estudio revele.

Intervenciones psicoeducativas

Intervenciones conductuales: se basan en enseñar a los niños nuevos comportamientos y habilidades, usando técnicas especializadas y estructuradas:

Programa Lovaas

El Dr. Lovaas, en la Universidad de California-Los Ángeles, desarrolló el Young Autism Project, que propone un entrenamiento exhaustivo y altamente estructurado. A pesar de que con su método se consiguen mejorar habilidades como la atención, la obediencia, la imitación o la discriminación, ha sido criticado por los problemas en la generalización de las conductas aprendidas para un uso en un ambiente natural espontáneo, por basar sus resultados fundamentalmente en la mejora del cociente intelectual (CI) y porque el medio de aprendizaje altamente estructurado no es representativo de las interacciones naturales entre adultos y niños.

Análisis aplicado de la conducta (ABA) contemporáneo

Se basa en promover conductas mediante refuerzos positivos y extinguir las no deseadas eliminando consecuencias positivas, y de esta manera buscar un mecanismo de "extinción". Algunos de los modelos basados en ABA contemporáneo son: Pivotal Response Training (PRT), Natural Language Paradigm (NLP) e Incidental Teaching.

El método ABA (Applied Behavior Analysis) es una intervención en la que se aplican los principios de la teoría del aprendizaje de una manera sistemática y mensurable para incrementar, disminuir, mantener o generalizar determinadas conductas objetivo (lectura, habilidades académicas, habilidades sociales, de comunicación y de la vida diaria). Ayuda a los niños a incrementar conductas, aprender nuevas habilidades, mantener las conductas, generalizar o transferir conductas a otra situación, restringir o disminuir las condiciones en donde ocurren conductas desadaptativas y reducir estas últimas.

El entrenamiento en ensayos separados (Discrete Trial Training, DTT) es uno de los métodos de instrucción que usa el ABA. Descompone habilidades específicas en pequeños pasos, que se aprenden de una manera gradual, por lo que se enseñan desde habilidades de atención hasta otras más complejas como conductas verbales o sociales. Se empieza con habilidades sencillas, aumentando la complejidad a medida que el niño avanza. Las técnicas originarias de intervención, altamente estructuradas, se basaban casi exclusivamente en el DTT.

La manera de trabajar es en forma de ensayo con cuatro elementos:

~ El terapeuta presenta una orden o pregunta clara (estímulo).

~ En caso necesario, la orden va seguida de un refuerzo.

~ El niño responde de manera correcta o incorrecta (respuesta).

~ El terapeuta proporciona una consecuencia: una respuesta correcta recibe un refuerzo, mientras que una incorrecta se ignora o se corrige.

Así pues, las técnicas tradicionales del ABA se han reconvertido en intervenciones conductuales más naturales, con técnicas como el Incidental Teaching o el PRT, que mejoran la generalización de las habilidades. Hoy tiende a hablarse de intervenciones precoces e intensivas basadas en métodos conductuales (EIBI, Early Intensive Behavioural Interventions).

En general, se asume que estos programas producen una mejoría en el CI y cambios positivos, aunque no significativos, en la conducta adaptativa y el lenguaje expresivo y receptivo. Pareciera que la mejoría en el CI es mayor en los primeros 12 meses de tratamiento y que después la ganancia se estabiliza. Las revisiones más recientes, no obstante, propugnan que no solo el CI es importante, sino también la valoración de otros objetivos en relación con habilidades sociales o de comunicación.

Intervenciones evolutivas

Ayudan al niño a desarrollar relaciones positivas y significativas con otras personas. Se centran en enseñar técnicas sociales y de comunicación en ambientes estructurados, así como desarrollar habilidades para la vida diaria (habilidades "funcionales" y "motoras"):

~ Floor Time (tiempo suelo) DIR (Developmental Individual-Difference, Relationship-Based Model): modelo de desarrollo basado en las diferencias individuales y en las relaciones.

~ Responsive Teaching (RT): educación en responsabilidad.

~ Relationship Development Intervention (RDI): intervención para el desarrollo de relaciones.

Intervenciones basadas en terapias

Se centran en trabajar dificultades específicas, generalmente focalizándose en el desarrollo de habilidades sociales y de comunicación (patología del lenguaje) o en el desarrollo sensorio-motor.

Intervenciones centradas en la comunicación

Se proponen estrategias visuales e instrucción con pistas visuales, lenguaje de signos, sistema de comunicación por intercambio de imágenes (PECS), historias sociales, dispositivos generadores de lenguaje (SGDs), comunicación facilitada (FC) y entrenamiento en comunicación funcional (FCT).

Intervenciones basadas en la familia

Su fundamento se basa en enfatizar la idea de que la inclusión de la familia en el tratamiento es fundamental para las necesidades del niño. Aportan entrenamiento, información y soporte a todos los miembros de la familia. Este tipo de intervenciones son el programa PBS y el programa Hanen.

Intervenciones combinadas

Algunas intervenciones combinan elementos de métodos conductuales y evolutivos, por lo que generalmente resultan más eficaces:

~ Modelo SCERTS.

~ Modelo TEACCH.

~ Modelo Denver.

~ Modelo LEAP.

Profundizaremos en el método TEACCH por ser el de mayor difusión actualmente.

Intervención combinada: el modelo TEACCH

El método TEACCH es el programa de educación especial más usado en todo el mundo y existen informes de su eficacia en mejorar habilidades sociales y de comunicación, reduciendo conductas desadaptativas, mejorando la calidad de vida y disminuyendo el estrés familiar. A pesar de sus bases racionales, actualmente no existen estudios controlados, aleatorizados y bien diseñados que hayan podido demostrar su eficacia con claridad, por lo que este método, aunque prometedor, precisa aún de una validación científica.

El modelo TEACCH −Treatment and Education of Autistic and Related Communication Handicapped Children (tratamiento y educación de niños autistas y con problemas de comunicación)− fue fundado, en 1966, por el Dr. Schopler en la Universidad de Carolina del Norte (Estados Unidos). El objetivo primordial que se marcó Schopler era prevenir la institucionalización innecesaria de aquella época en centros asistenciales; para ello enseñaba a los niños con TEA a vivir y trabajar en la escuela, en la casa y en la sociedad de una manera efectiva.

El modelo TEACCH se centra en entender la "cultura del autismo", la forma que tienen las personas con TEA de pensar, aprender y experimentar el mundo, de forma que estas diferencias cognitivas explicarían los síntomas y los problemas conductuales que presentan.

El pilar fundamental es una enseñanza estructurada, lo que significa adaptar todos los ámbitos del niño: el tiempo, el espacio y el sistema de trabajo.

El programa enfatiza el aprendizaje en múltiples ambientes con la colaboración de diversos profesores. Intenta mejorar diferentes problemas como la comunicación, la cognición, la percepción, la imitación y las habilidades motoras. Se basa típicamente en cinco componentes:

~ Centrarse en el aprendizaje estructurado.

~ Uso de estrategias visuales para orientar al niño (estructura de la clase, del material y de la agenda) y para el aprendizaje del lenguaje y la imitación.

~ Aprendizaje de un sistema de comunicación basado en gestos, imágenes, signos o palabras impresas.

~ Aprendizaje de habilidades preacadémicas (colores, números, formas, etc.).

~ Trabajo de los padres como coterapeutas, usando en casa los mismos materiales y técnicas.

Esta estructura adaptativa implica la adecuación de:

~ El tiempo: trabajar siempre con tareas breves.

~ El espacio: organizar el aula o espacio de trabajo por zonas o rincones.

~ El sistema de trabajo: organizar el material de trabajo por áreas y niveles y crear rutinas flexibles, lo que significa predicción del orden y del tiempo. Una rutina predecible que, sin embargo, pueda ser flexible y funcional.

Trabajo individualizado: gracias al trabajo individual, fomentamos la autonomía, la iniciativa, la predisposición, la motivación de los niños. Este trabajo individualizado significa un terapeuta con el niño en el tiempo que el niño pueda sostener. En OPPROSE solemos trabajar con estos niños de manera individualizada en los distintos servicios, limitando el tiempo a una extensión máxima de 40 minutos. Durante ese tiempo se proponen actividades manipulativas y se enseñan habilidades sociales y comunicacionales. Se trabaja sobre la base del diagnóstico del niño afianzando las pautas de intersubjetividad primaria y secundaria que el niño presenta, y proponiendo acciones tendientes a la adquisición de las pautas no presentes en el niño. Es habitual en OPPROSE ambientar el espacio físico y temporal mediante estímulos sensoriales como música envolvente y cambios cromáticos del entorno. En nuestros gabinetes las paredes pueden tornarse blancas, azules, amarillas, negras o verdes, según los objetivos de las sesiones y las características del niño.

El método TEACCH prevé, además, una Zona de transición, donde encontraremos una agenda visual y el horario de trabajo, lo que le permitirá al niño anticipar o evocar las actividades o acciones. Y una Zona de ocio en la que el niño, siempre bajo supervisión profesional, podrá disponer libremente de los múltiples recursos puestos a su disposición: desde libro, imágenes y figuras hasta videos y Tablet con programas y juegos didácticos.

Es importante estructurar visualmente el espacio físico con apoyos visuales, organizando zonas de trabajo (aulas con rincones, zonas o áreas de informática, lectura, juego, autonomía personal...); las tareas, usando la agenda visual o el horario individual, para anticipar qué se va a hacer en cada momento y dónde, así evitamos niveles de ansiedad y frustración; el sistema de trabajo debe ser rutinario pero flexible, así fomentamos la autonomía (para ello hay que entrenar a los niños en diversas estrategias); las tareas tienen que llevar un contenido visual a modo de información, una estructura simple y organizada para que con dicho apoyo visual el alumno pueda realizar la actividad sin mayores explicaciones, además de saber cuándo empieza y acaba esta.

Las actividades en el modelo TEACCH prevén diagnóstico, entrenamiento de los padres, desarrollo de habilidades sociales y de comunicación, entrenamiento del lenguaje y búsqueda de empleo. Se basa en identificar las habilidades individuales de cada sujeto usando diversos instrumentos de valoración.

Desde nuestra experiencia trabajando desde hace varios años con metodología TEACCH, obviamente adaptada a nuestros espacios y a nuestras concepciones de causalidad y mecanismo de producción del trastorno (incluimos la dietoterapia específica de cumplimiento obligatorio por parte de los padres, o una simplificación de los espacios de trabajo que nos resulta más funcional, por ejemplo), podemos mostrar notables mejorías de los síntomas de los niños TEA en pocos meses tratamiento.

CAPÍTULO 10

Cannabis y endocannabinoides: ¿qué?, ¿cómo y para qué?

El objetivo de incorporar este capítulo final es el de brindar al lector una información básica sobre el sistema orgánico que tiene como mediadores a los cannabinoides, sus acciones fisiológicas y los fundamentos que permiten postularlos como recursos terapéuticos no solo para el tratamiento de niños con trastornos del neurodesarrollo, sino también como terapia del dolor, aun en pacientes terminales, u otras patologías como enfermedades neurodegenerativas.

No es intención emitir un juicio de valor sobre la viabilidad de este recurso en nuestro medio, o sobre la efectividad de este en determinadas entidades patológicas. El lector puede hallar infinidad de documentos escritos o fílmicos entrecruzados por caminos de esperanza y decepción.

Pretendo limitarme a las cuestiones planteadas en el título del capítulo.

Por otro lado, para que la lectura de este tema pueda resultar esclarecedora, le sugiero al lector relea detenidamente el capítulo 2, especialmente el título "Sinapsis y flujo de información", pues será este contenido la base a partir de la cual desarrollaremos la información en este capítulo.

Somos... lo que somos

Para comprender qué es exactamente el sistema endocannabinoide y el papel que juega en los procesos fisiológicos y patológicos de los sistemas corporales, debemos fijarnos atentamente en cómo es nuestro organismo y lo que somos nosotros mismos.

Nuestro organismo es una entidad independiente capaz de recibir determinada información del mundo exterior y neurointegrarla, lo que significa percibirla, interpretarla y generar una respuesta. De esta forma, nuestro organismo puede procurar sus necesidades, como la alimentación o la reproducción, además de tomar consciencia sobre sí mismo y el mundo exterior.

Pero nosotros no somos una unidad biológica. Por el contrario, somos una colonia de miles de millones de células independientes con necesidades individuales de fuentes de energía; energía que es proporcionada por harto complejos procesos bioquímicos responsables, ni más ni menos, que de los mecanismos de la vida misma. En última instancia, somos una "sopa" de elementos químicos magnífica y perfectamente combinados.

Estas células se organizan según la diversidad funcional y estructural, integrando así los distintos órganos. Cada órgano cumple con una función específica en el cuerpo humano para conservar al organismo vivo en su totalidad. El órgano encargado de mantener y controlar las funciones de los distintos órganos, así como del procesamiento e integración de los estímulos externos, es el cerebro.

Distribuido por todo el organismo existe un sistema de auto-rregulación de la actividad celular y de la comunicación entre células. Es el que se conoce como sistema endocannabinoide.

¿Qué?
Sistema endocannabinoide

El sistema endocannabinoide parece ser la versión evolucionada de un sistema ancestral de comunicación intercelular encontrado también en las plantas: el sistema de ácido araquidónico.

De hecho, la naturaleza de los cannabinoides presentes en el organismo está directamente relacionada con el ácido araquidónico. El ácido araquidónico es un ácido graso Omega 6 que participa en el proceso de señalización celular tanto en plantas como en animales.

El ácido araquidónico generado para los propósitos de señalización celular parece derivarse por la acción de una enzima presente en el interior de las células. Bioquímicamente interviene en la producción de mediadores químicos de la respuesta inflamatoria y favorece la integridad estructural de las mitocondrias.

El ácido araquidónico también interviene en la biosíntesis de la anandamida.

La anandamida es un endocannabinoide natural presente en nuestro organismo.

Los dos endocannabinoides principales son la anandamida y el 2-araquinodilglicerol (2-AG). Este último es el endocannabinoide más abundante en el cerebro. Encontramos altos niveles de 2-AG en el cerebro, con una concentración de casi unas 200 veces superior que la anandamida. Existen otras sustancias naturales que también participan en la acción endocannabinoide.

¿Qué quiere decir esto?

Que, así como estudiamos en el capítulo 2 el mecanismo de comunicación celular de las neuronas, que llamamos sinapsis, como los sistemas que utilizan como neurotransmisores noradrenalina, dopamina o serotonina, existe en nuestro organismo un sistema que utiliza sustancias químicamente similares al cannabis para funcionar.

Y al igual que los otros sistemas que ya estudiamos —catecolaminérgico, serotoninérgico o colinérgico—, el sistema endocannabinoide también funciona gracias al contacto continuo entre mediadores químicos y proteínas receptoras.

Pero el sistema cannabinoide, además, puede regular el funcionamiento de los otros sistemas; es decir que puede activar o inhibir las comunicaciones entre otros sistemas de neuronas. Y esta capacidad es determinante de su acción, ya que el sistema endocannabinoide se implica en una amplia variedad de procesos fisiológicos (por ejemplo, la modulación de la liberación de neurotransmisores, la regulación de la percepción del dolor y las funciones cardiovasculares, gastrointestinales y del hígado).

El nombre "sistema endocannabinoide" hace referencia al hecho de que este sistema endógeno es el que se ve afectado por la ingesta de los fitocannabinoides o cannabinoides obtenidos de vegetales, como son los que se derivan del uso de cannabis sativa (marihuana) como el conocido tetrahidrocannabinol, que actúan como una llave capaz de encajar en la cerradura de los receptores cannabinoides, produciendo un efecto similar al de la llave perfecta, representada por los endocannabinoides producidos por el cuerpo como la anandamida.

¿Cómo?
Receptores cannabinoides

Los dos principales receptores que componen el sistema endocannabinoide son los receptores cannabinoides CB-1 y CB-2. Recientemente se ha aceptado la existencia de un tercer receptor con actividad cannabinoide. Todos estos receptores son proteínas que atraviesan la membrana de las células que los contienen y que son capaces de transmitir al interior celular una señal extracelular.

Los receptores CB-1 son los receptores que se encuentran con mayor abundancia en el cerebro y su distribución ha sido ampliamente caracterizada en humanos. Los receptores CB-1 se expresan de forma elevada en el hipocampo, los ganglios basales, el córtex y el cerebelo. Los receptores CB-1 se expresan menos en las amígdalas, el hipotálamo, el núcleo accumbens, el tálamo, la materia gris peripeduncular y la médula espinal, así como en otras zonas del cerebro, principalmente en el telencéfalo y el diencéfalo. Los receptores CB-1 se expresan también en varios órganos periféricos; por lo tanto, están presentes en las células grasas o adipocitos, el hígado, los pulmones, la musculatura lisa, el tracto gastrointestinal, las células del páncreas productoras de insulina, el endotelio vascular, los órganos reproductivos y los nervios periféricos.

La distribución de los receptores CB-2 es bastante distinta y principalmente restringida a la periferia en las células del sistema inmunológico como macrófagos, neutrófilos, monocitos, linfocitos B, linfocitos T y células de la microglía. Recientemente se ha demostrado también la presencia del receptor CB-2 en las fibras nerviosas de la piel, en las células óseas, en las células hepáticas y en células del páncreas, distintas a las de los CB-1.

Se postula la existencia de receptores CB-2 en el cerebro mediando en los comportamientos emocionales, la esquizofrenia, la ansiedad, la depresión, la memoria y la nocicepción.

El sistema endocannabinoide tiene características que difieren de forma exclusiva de otros sistemas neurotransmisores. En primer lugar, los endocannabinoides actúan como neuromoduladores que inhiben la liberación de otros neurotransmisores, tales como GABA (el principal neurotransmisor inhibidor) y glutamato (el principal neurotransmisor excitador).

Ya sabemos que la sinapsis es la comunicación entre dos neuronas. La neurona presináptica, que es la que libera los neurotransmisores, y la neurona postsináptica, que es la que se activa con los neurotransmisores.

Los endocannabinoides son neurotransmisores retrógrados que se liberan desde la neurona postsináptica y actúan a nivel presináptico.

En otras palabras, es al revés de lo que estudiamos en el capítulo 2. Como respuesta a un estímulo, la neurona postsináptica sintetiza y libera los endocannabinoides en la hendidura sináptica, que estimulan los receptores cannabinoides sobre la neurona presináptica, inhibiendo la liberación de neurotransmisores.

Y si el mecanismo de acción es inhibitorio, eso significa que en los trastornos del neurodesarrollo la lesión cerebral es consecuencia de una activación permanente de uno o más sistemas de neurotransmisión. Y esto es coincidente con algunas postulaciones que proponen como noxa a agonistas tóxicos de uno o más de estos sistemas nerviosos.

Además, los endocannabinoides no se ubican en las vesículas sinápticas (vesículas situadas dentro de la neurona presináptica que contiene los neurotransmisores, como sucede con todos los otros sistemas de neurotransmisión). No se acumulan, sino que se sintetizan a demanda y se liberan inmediatamente en la hendidura sináptica.

¿Para qué?

El sistema endocannabinoide juega un papel importante en funciones neuronales como el aprendizaje y la memoria, la emoción, el comportamiento adictivo, la alimentación y el metabolismo, el dolor y la neuroprotección. También se ve involucrado en la modulación de distintos procesos a nivel cardiovascular e inmunológico, entre otros.

La distribución de los receptores CB-1 en el cerebro se correlaciona con las acciones farmacológicas de los cannabinoides. Su alta densidad en los ganglios basales se asocia con los efectos enunciados en la actividad locomotora. La presencia del receptor en el hipocampo y el córtex está relacionada con los efectos sobre el aprendizaje y la memoria y con propiedades psicotrópicas y antiepilépticas. La baja toxicidad y letalidad se relacionan con la baja expresión de los receptores en el tallo encefálico. El sistema endocannabinoide interactúa con múltiples neurotransmisores, tales como la acetilcolina, la dopamina, el GABA, la histamina, la serotonina, el glutamato, la norepinefrina, las prostaglandinas y los péptidos opioides. La interacción con estos neurotransmisores es la responsable de la mayoría de los efectos farmacológicos de los cannabinoides. Los cannabinoides sintéticos y fitocannabinoides ejercen su acción por la interacción con los receptores cannabinoides.

Fitocannabinoides

Los fitocannabinoides, conocidos como cannabinoides naturales, herbáceos o clásicos, son los que se producen en la planta del cannabis —cannabis sativa o marihuana— y están concentrados en una savia viscosa que se produce en estructuras glandulares conocidas como tricomas. Además, la savia es rica en terpenos, los cuales son responsables del aroma de la planta.

Hasta el momento se han identificado más de 100 cannabinoides procedentes de la planta de cannabis. Tetrahidrocannabinol (THC), cannabidiol (CBD) y cannabinol (CBN) son los cannabinoides más frecuentes y los que han sido objeto de más estudios.

El tetrahidrocannabinol(THC) es el componente psicoactivo primario de la planta. Lo aislaron por primera vez en 1964 Habib Edery, Yechiel Gaoni y Raphael Mechoulam, del Instituto Weizmann de Ciencias, en Rejovot, Israel. Es útil para aliviar el dolor moderado, pues posee un efecto analgésico además de ser neuroprotector. El tetrahidrocannabinol tiene una afinidad equivalente para ambos receptores cannabinoides (CB1 y CB2), lo que significa que se liga —une— a ambos, siendo la acción símil anandamida, pero menos selectiva que esta con los receptores específicos.

Las acciones farmacológicas del THC resultan de su actividad parcialmente agonista en el receptor cannabinoide CB1, ubicado principalmente en el sistema nervioso central, y el receptor CB2, expresado principalmente en las células del sistema inmune.

La sensibilidad de un paciente al THC es un factor clave para determinar la dosis y las proporciones adecuadas para un tratamiento efectivo. Téngase en cuenta que el CBD puede disminuir o neutralizar la psicoactividad del THC, así que una mayor proporción de CBD frente al THC significa menos efectos a nivel cerebral.

El cannabidiol es un narcótico o estupefaciente, pero no se lo considera psicoactivo y se cree que no afecta a la actividad llevada a cabo por el THC. Recientemente se han hallado evidencias que demuestran que los fumadores de cannabis con una alta proporción de CBD/THC poseen menos tendencia a sufrir los síntomas de la esquizofrenia. Este hecho está apoyado por test psicológicos en los cuales los participantes experimentan una pérdida de intensidad de los efectos psicóticos cuando se les administra THC junto a CBD. Esto nos conduce a la hipótesis de que el CBD actúa ejerciendo un efecto opuesto al del THC al unirse al receptor CB1.

Se lo considera responsable del alivio de las convulsiones en epilepsias refractarias, inflamaciones, dolor crónico, ansiedad y náuseas. El cannabidiol tiene mayor afinidad por el receptor CB2 que por el CB1.

El cannabinol (CBN) es el producto primario de la degradación del THC y no se suele encontrar demasiado en la planta. El contenido en CBN va aumentando según la cantidad de THC que se degrada y por la exposición a la luz y al aire. Es un psicoactivo leve cuya afinidad es superior en el caso del receptor CB2 y baja en el CB1.

Se debe tener en cuenta que cada variedad de la planta de cannabis tiene una proporción diferente de estos ingredientes activos, lo que hace que cada una de ellas resulte más o menos adecuada para diferentes necesidades. Por ejemplo, la marihuana cultivada con fines recreativos suele contener más THC que CBD. Sin embargo, mediante el uso de técnicas de cría selectiva, los criadores de cannabis han logrado crear variedades con altos niveles de CBD y con niveles de THC próximos a cero. Estas variedades son poco comunes, pero se han popularizado mucho durante los últimos años. No obstante, hay que mencionar que todas las variedades de cannabis tienen alguna cantidad de CBD, por pequeña que sea, por lo que todas las variedades tendrán algún beneficio medicinal.